LA MORT INTIME

Sa Sainteté le Dalaï Lama et Howard Cutler
L'Art du bonheur, 1999
Catherine Enjolet
En danger de silence, 1999
Jean-Pierre [illegible]
Justice pour les enfants, 1999
Marie-Pierre [illegible]
La [illegible], 2000
[illegible]
La légende [illegible], 2000
Marie de Hennezel
Nous ne nous sommes pas dit au revoir, 2000
[illegible]
[illegible], 2000
[illegible]
[illegible]
[illegible]
[illegible]

Collection
AIDER LA VIE
sous la direction de Robert Laffont

Apporter un réconfort ; affirmer que la main tendue est la seule attitude qui vaille ; communiquer une joie possible ; aider les autres à trouver un sens à leur vie... Aider la vie : voilà le désir qui anime la collection qui porte ce titre. Avec, pour moi, l'envie d'essayer d'apporter au public quelque chose de plus, par la seule voie que je connaisse, qui me convienne et que j'aime, le livre.

Une tâche que je persiste à ne pas croire utopique. Car, comme je le disais en présentant le premier ouvrage paru dans la collection, si seulement quelques êtres retrouvaient par la lecture le fil du chemin perdu, mon but serait atteint : l'important, c'est bien ce partage-là.

R. L.

DU MÊME AUTEUR

L'AMOUR ULTIME, Hatier, 1991 ; Livre de Poche, 1993.
LA MORT INTIME, Robert Laffont, 1995 ; Pocket, 1997.
L'ART DE MOURIR (avec Jean-Yves Leloup),
Robert Laffont, 1997.
NOUS NE NOUS SOMMES PAS DIT AU REVOIR,
Robert Laffont, 2000.

MARIE DE HENNEZEL

LA MORT INTIME

Ceux qui vont mourir nous apprennent à vivre

Préface de François Mitterrand

ROBERT LAFFONT

ISBN 2-221-09496-4

À Laure, Édouard et Jean

Préface

Comment mourir ?

Nous vivons dans un monde que la question effraie et qui s'en détourne. Des civilisations, avant nous, regardaient la mort en face. Elles dessinaient pour la communauté et pour chacun le chemin du passage. Elles donnaient à l'achèvement de la destinée sa richesse et son sens. Jamais peut-être le rapport à la mort n'a été si pauvre qu'en ces temps de sécheresse spirituelle où les hommes, pressés d'exister, paraissent éluder le mystère. Ils ignorent qu'ils tarissent ainsi le goût de vivre d'une source essentielle.

Ce livre est une leçon de vie. La lumière qu'il dispense est plus intense que bien des traités de sagesse. Car c'est moins une pensée qu'il propose qu'un témoignage de la plus profonde des expériences humaines. Sa puissance vient des faits et de la simplicité de leur représentation. « Représentation », ici, est le mot juste. « Rendre présent à nouveau » ce qui toujours se dérobe à la conscience : l'au-delà des choses et du temps, le cœur des angoisses et des espérances, la souffrance de l'autre, le dialogue éternel de la vie et de la mort.

C'est bien ce dialogue qui est « représenté » dans ces pages, celui que Marie de Hennezel poursuit sans relâche avec ses malades proches de leur fin.

Jamais ne s'effacera le souvenir de la visite que je fis à l'unité de soins palliatifs où elle déployait alors sa généreuse énergie. Je connaissais sa tâche et m'en entretenais de temps à autre avec elle. D'emblée m'avaient frappé la force, la douceur qui émanaient de ses paroles. Je les retrouvais chez les médecins et les infirmières qui m'accueillirent dans son service. Ils me dirent leur passion, leurs efforts, les retards de la France, les résistances à vaincre. Puis ils m'accompagnèrent au chevet des mourants. Quel était le secret de leur sérénité ? Où puisaient-ils la paix de leurs regards ? Chaque visage a marqué ma mémoire de son empreinte comme le visage même de l'éternité.

Celui de Danièle me revient à l'esprit, peut-être à cause de sa jeunesse et de son silence. Paralysée, privée de la parole, elle ne s'exprimait plus que par des battements de paupières ou sur l'écran d'un ordinateur commandé par son dernier doigt mobile. Et cependant, quelle vigueur d'esprit chez cet être dépouillé de tout, quelle curiosité pour l'au-delà qu'elle abordait sans le secours d'une croyance religieuse !

Marie de Hennezel nous parle de la dignité des derniers moments de Danièle et de ses compagnons d'infortune. Elle nous dit aussi, avec une modestie qui accroît l'émotion, la volonté des équipes de soin qui les accompagnent sur leur dernier chemin. Elle nous fait saisir l'aventure quotidienne de la découverte de l'autre, l'engagement de l'amour et de la compassion, le courage des gestes tendres pour ces corps altérés. Elle montre combien, loin de toute morbidité, c'est la joie de vivre qui nourrit leur choix et leurs actes.

Souvent, nous avons parlé ensemble de tout cela. Je l'interrogeais sur les sources de ce pouvoir d'effacer l'angoisse, d'instaurer la paix, sur la transformation profonde qu'elle observait chez certains êtres à la veille de mourir.

Au moment de plus grande solitude, le corps rompu au bord de l'infini, un autre temps s'établit hors des mesures communes. En quelques jours parfois, à travers le secours d'une présence qui permet au désespoir et à la douleur de se dire, les malades saisissent leur vie, se l'approprient, en délivrent la vérité. Ils découvrent la liberté d'adhérer à soi. Comme si, alors que tout s'achève, tout se dénouait enfin du fatras des peines et des illusions qui empêchent de s'appartenir. Le mystère d'exister et de mourir n'est point élucidé mais il est vécu pleinement.

Tel est peut-être le plus bel enseignement de ce livre : la mort peut faire qu'un être devienne ce qu'il était appelé à devenir ; elle peut être, au plein sens du terme, un *accomplissement.*

Et puis, n'y a-t-il pas en l'homme une part d'éternité, quelque chose que la mort met au monde, fait naître ailleurs ? De son lit de paralysée, Danièle nous offre un ultime message : « Je ne crois ni en un Dieu de justice, ni en un Dieu d'amour. C'est trop humain pour être vrai. Quel manque d'imagination ! Mais je ne crois pas pour autant que nous soyons réductibles à un paquet d'atomes. Ce qui implique qu'il y a autre chose que la matière, appelons ça âme ou esprit ou conscience, au choix. Je crois à l'éternité de cela. Réincarnation ou accès à un autre niveau tout à fait différent... Qui mourra verra ! »

Tout est là, en peu de mots : le corps dominé par l'esprit, l'angoisse vaincue par la confiance, la plénitude du destin accompli.

À l'image de Danièle, l'ouvrage de Marie de Hennezel est d'une très forte densité humaine.

Comment mourir ?

S'il est une réponse, peu de témoignages peuvent l'inspirer avec autant de force que celui-là.

François MITTERRAND

On cache la mort comme si elle était honteuse et sale. On ne voit en elle qu'horreur, absurdité, souffrance inutile et pénible, scandale insupportable, alors qu'elle est le moment culminant de notre vie, son couronnement, ce qui lui confère sens et valeur.

Elle n'en demeure pas moins un immense mystère, un grand point d'interrogation que nous portons au plus intime de nous-mêmes.

Je sais que je mourrai un jour, bien que je ne sache pas comment, ni quand. Il y a un lieu, tout au fond de moi, où je sais cela. Je sais que je devrai un jour quitter les miens à moins que ce ne soient eux qui me quittent d'abord. Ce savoir le plus profond, le plus intime est paradoxalement ce que j'ai en commun avec tous les autres humains. C'est pourquoi la mort d'autrui me touche. Elle me permet d'entrer au cœur de la seule et vraie question : quel sens a donc ma vie ?

Ceux qui ont le privilège d'accompagner

quelqu'un dans ses derniers instants de vie savent qu'ils entrent dans un espace de temps très intime. La personne, avant de mourir, tentera de déposer auprès de ceux qui l'accompagnent l'essentiel d'elle-même. Par un geste, une parole, parfois seulement un regard, elle tentera de dire ce qui compte vraiment et qu'elle n'a pas toujours pu ou su dire.

La mort, celle que nous vivrons un jour, celle qui frappe nos proches ou nos amis, est peut-être ce qui nous pousse à ne pas nous contenter de vivre à la surface des choses et des êtres, ce qui nous pousse à entrer dans leur intimité et leur profondeur.

Après des années d'accompagnement de personnes vivant leurs derniers instants, je n'en sais pas plus sur la mort elle-même, mais ma confiance dans la vie n'a fait que croître. Je vis, sans doute, plus intensément, avec une conscience plus fine, ce qui m'est donné de vivre, joies et peines, mais aussi toutes ces petites choses quotidiennes, allant de soi, comme le simple fait de respirer ou de marcher.

Peut-être suis-je devenue plus attentive à ceux qui m'entourent, consciente que je ne les aurai pas toujours à mes côtés, désireuse de les découvrir et de contribuer autant que je le peux à ce qu'ils deviennent ce qu'ils sont appelés à devenir.

Aussi après des années auprès de ceux qu'on appelle des « mourants », mais qui sont bien des « vivants » jusqu'au bout, je me sens plus vivante que jamais. Cela, je le dois à ceux que je crois avoir accompagnés, mais qui, dans l'humilité dans laquelle les a plongés la souffrance, se sont révélés des maîtres.

Nous cherchons tous à voir à travers la mort. Y a-t-il quelque chose au-delà ? Où vont ceux qui nous quittent ? Question douloureuse pour beaucoup, plantée comme une écharde au cœur de notre humanité. Sans cette question, aurions-nous développé tant de philosophies, de réponses métaphysiques, tant de mythes ? La psychanalyse, de son côté, a conclu une fois pour toutes à l'irreprésentable de la mort. Elle s'est détournée de cette question qu'elle laisse volontiers en pâture aux philosophes pour ne s'intéresser qu'à la mort dans la vie, c'est-à-dire au deuil.

Si la mort angoisse autant, n'est-ce pas parce qu'elle nous renvoie aux vraies questions, celles que nous avons souvent enfouies avec l'idée que nous les ressortirons plus tard, quand nous serons plus vieux, plus sages, quand nous aurons le temps de nous poser les questions essentielles ?

Ceux qui approchent la mort découvrent parfois que l'expérience de l'au-delà leur est proposée dans l'expérience même de la vie, ici et maintenant. La vie ne nous promène-t-elle pas d'un au-delà à l'autre, au-delà de nous-mêmes, au-delà de nos certitudes, au-delà de nos jugements, au-delà de nos égoïsmes, au-delà des apparences ? Ne nous invite-t-elle pas à de constantes avancées et remises en question, à de constants dépassements ?

Ce livre va tenter d'explorer un miracle. Alors que la mort est si proche, que la tristesse et la souffrance dominent, il peut encore y avoir de la vie, de la joie, des mouvements d'âme d'une profondeur et d'une intensité parfois encore jamais vécues.

Dans un monde qui considère que la « bonne mort » est la mort brutale, si possible inconsciente, ou du moins rapide afin de déranger le moins possible la vie de ceux qui restent, un témoignage sur la valeur des derniers instants de la vie, sur l'incroyable privilège que peut représenter le fait d'en être témoin, ne me semble pas superflu. Mieux encore, j'espère contribuer à une évolution de la société. Une société qui, au lieu de dénier la mort, apprendrait à l'intégrer à la vie. Une société plus humaine où, conscients de notre condition de mortels, nous respecterions davantage la valeur de la vie.

J'espère pouvoir sensibiliser le lecteur à la richesse d'un accompagnement des ultimes moments de la vie d'un proche. J'ai moi-même découvert cette richesse au fil des années. Ma vie en a été transformée. Mourir n'est pas, comme nous le croyons si souvent, un temps absurde, dépourvu de sens. Sans diminuer la douleur d'un chemin fait de deuils, de renoncements, j'aimerais montrer combien le temps qui précède la mort peut être aussi celui d'un accomplissement de la personne et d'une transformation de l'entourage. Bien des choses peuvent encore se vivre. Dans un champ plus subtil, plus intérieur, dans le champ de la relation aux autres. Quand on ne peut plus rien faire, on peut encore aimer et se sentir aimé, et bien des mourants, au moment de quitter la vie, nous ont lancé ce message poignant : ne passez pas à côté de la vie, ne passez pas à côté de l'amour. Les derniers moments de la vie d'un être aimé peuvent être l'occasion d'aller le plus loin possible avec cette personne. Combien d'entre nous saisissent cette occasion ? Au lieu de regarder en face la réalité de la proximité de la mort, on fait comme si elle n'allait pas venir. On ment à l'autre, on se ment à soi-même, et, au lieu de se dire l'essentiel, au lieu d'échanger des paroles d'amour, de gratitude, de pardon, au lieu de s'appuyer les uns sur les autres pour traverser ce moment incomparable qu'est la mort d'un être aimé, en mettant en commun toute la sagesse, l'humour et l'amour dont l'être humain est capable pour affronter la mort, au lieu de cela, ce moment unique, essentiel de la vie, est entouré de silence et de solitude.

Ce livre est le fruit de sept ans d'expérience auprès de personnes proches de leur mort venues terminer leur vie dans une unité parisienne de soins palliatifs. Il est aussi le fruit de plusieurs années d'échanges avec des personnes séropositives, ou des malades du sida hospitalisés dans un service de maladies infectieuses.

Il s'est construit au fil de ma propre réflexion et de celle de mes proches et de mes amis. Qu'ils soient ici remerciés pour la qualité des échanges que j'ai eus avec eux.

Par souci de confidentialité, la plupart des noms et prénoms des personnes ont été changés. Le Dr Clément est un personnage fictif, inspiré par différents médecins que j'ai rencontrés ces dernières années.

Je suis au chevet de Bernard. Il a gémi doucement, et sa main est venue se blottir dans la mienne. « Mon ange », a-t-il murmuré avec une incroyable tendresse.

Bernard est en train de mourir du sida et de vivre ses derniers jours dans l'unité de soins palliatifs où je travaille. Bernard est un ami. Il n'a que quarante ans. La maladie a creusé ses traits et décharné son corps, mais il y a toujours la même jeunesse et la même beauté régulière dans son visage. Et cette beauté, malgré tout préservée, si fragile, si vulnérable, m'émeut.

Comme nous nous l'étions promis, je suis là à ses côtés, dans cette veille patiente et affective, qu'on appelle l'accompagnement.

Il y a quinze jours, j'ai interrompu mes vacances pour un aller-retour à son chevet. Il sentait qu'il allait bientôt mourir, et, moi aussi, je sentais qu'il me fallait le voir sans tarder. C'était une évidence qui jaillissait du fond de l'âme. Aussi ai-je passé la journée du 15 août avec lui, dans un climat de vérité et de tendresse qui fait désormais partie du trésor de souvenirs heureux que je porte au fond du cœur.

Maintenant que je suis revenue pour de bon de mes vacances et qu'il est faible au point de ne presque plus pouvoir parler, je suis heureuse d'avoir éprouvé cette nécessité de le voir tant qu'il pouvait encore échanger pleinement par la parole. Nous avons beaucoup parlé de sa vie, de nos amis communs et de sa mort aussi, qu'il attendait à présent avec un mélange de curiosité et de soulagement. Il m'a offert un bracelet en argent ancien, trouvé dans une rue au sud de l'Égypte et auquel il tenait infiniment, en me disant : « Il est temps que je donne mes objets préférés à tous ceux que j'aime. »

Sans doute parce que cette journée a eu lieu, et qu'elle a permis au fond de se dire adieu, puis-je maintenant me tenir près de lui, sans attente particulière, le cœur en paix, goûtant dans le secret de mon âme l'incroyable cadeau de ses derniers instants de présence vivante.

Car l'échange continue, mais à un autre niveau. Il est difficile d'exprimer quelque chose de cette joie intime et secrète. Car vue de l'extérieur cela peut sembler triste, et déprimant, cette veille sans échange apparent, si lente, si longue. Tout est si subtil, si fin. Et je le sens tellement présent.

Hier, par exemple, nous lui avons donné un bain. Oui, une heure de bien-être pour ce corps engourdi, raidi par l'immobilité, si maigre, si décharné. Une heure d'affection et de tendresse partagée avec Michèle, l'infirmière, et Simone, l'aide-soignante. Avec quelle infinie douceur nous avons entouré ce corps enfin abandonné avec confiance dans la chaleur du bain ! Trois femmes aimantes occupées à cette tâche sacrée entre toutes qu'est le soin donné au corps d'un mourant. Car il est une façon de « prendre soin » du corps qui fait qu'on oublie précisément qu'il s'agit d'un corps abîmé, parce que c'est la personne tout entière qui est enveloppée de tendresse. Il y a une façon de prendre soin d'un mourant qui lui permet de se sentir une âme vivante jusqu'au bout.

C'est ainsi que Bernard, qui semblait si las, si loin de nous déjà, s'est comme éveillé d'un long sommeil, pour déposer un petit baiser doux sur le dos de ma main. Quelle joie j'ai ressentie ! Comment ce seul geste a-t-il pu me transporter ainsi ? Je me sentais légère, heureuse, vivante. Un tout petit baiser, sur une main mouillée, dernier signe d'affection d'un mourant dans son bain.

« L'amitié, tu sais, c'est ce qu'il y a eu de plus important pour moi », ce sont les premières paroles de Bernard depuis vingt-quatre heures. Paroles à peine audibles, se frayant un difficile chemin dans un corps épuisé, essoufflé. Ce sont aussi, mais je ne le saurai que plus tard, ses dernières paroles.

C'est la nuit. J'ai décidé de la passer près de Bernard. Tout est calme dans le service. L'infirmière petite et ronde, pleine de vie et de jeunesse, vient de m'apporter une tisane. Elle s'est assise à côté de moi, si gentiment. Une façon de me dire : je suis là, je t'accompagne. Nos têtes un moment se sont rejointes, et j'ai senti les larmes venir, de ces larmes qui font du bien, qui soulagent le cœur. Ceux qui ont un geste spontané de compassion ne savent sans doute pas quel bien ils font. Ils invitent, sans même le savoir, ceux qu'ils touchent ainsi à s'abandonner avec confiance aux mouvements de leur âme.

Oui, j'ai de la peine, pourquoi ne pas le reconnaître ?

Je regarde Bernard dans la lumière un peu blafarde de la veilleuse. Il a les yeux grands ouverts, mais ne me voit pas. De grands yeux fixes, que la maigreur de son visage rend presque terrifiants.

Sa poitrine décharnée, soulevée d'un souffle laborieux et chaotique, et ma main aussi douce que possible, essayant d'en apaiser la violence.

Les râles déchirants, quand la gorge s'encombre, et l'incertitude sur ce qu'il convient de faire : appeler l'infirmière qui va introduire une sonde et aspirer les glaires qui s'accumulent maintenant régulièrement dans la trachée ? Imposer ainsi cette ultime agression, pourtant nécessaire si l'on veut éviter l'étouffement ?

Jamais je n'ai ressenti de façon aussi poignante l'impuissance devant la nécessité de faire un geste technique douloureux. Que puis-je faire sinon entourer Bernard de toute mon immense tendresse pour lui, pendant que l'infirmière opère ? Et ensuite le masser, le caresser doucement pour qu'il retrouve le calme. Souvent je mets l'*Ave Maria* de Schubert, et la voix chaude de Jessie Norman, que Bernard aime tant, nous enveloppe lui et moi.

La nuit se déroule ainsi lentement, entrecoupée de ces moments de torture incontournable. Bernard est prêt à mourir, je le sais, cela fait dix-huit mois qu'il s'y prépare. Pourquoi cette agonie ?

« Bernard, je me rappelle quand tu étais hospitalisé au cinquième, pour ta première toxo. Tu mourais de trouille. Tu étais sûr que tu allais mourir d'un jour à l'autre. Tu étais tellement angoissé que tu as décidé de prendre les devants. Tu te souviens ? Tu as avalé ta chevalière, et puis un clou, tu as même essayé de te jeter par la fenêtre. »

Les yeux de Bernard me regardent maintenant. Il m'écoute et me fait signe de continuer. On dirait qu'il veut que je lui raconte son histoire.

« Tu ne voulais plus vivre, tu n'arrivais pas à te projeter dans l'avenir, tu n'arrivais pas à imaginer ce lent chemin vers la mort. Et puis tu te sentais tellement coupable ! »

Je t'ai parlé longuement de ces traversées nocturnes, ces traversées du désert où l'on est désespéré parce qu'on n'en voit pas le bout, parce qu'on ne sait pas ce qu'il y a devant. Mais je t'ai dit aussi qu'on les traverse, ces moments terribles, et qu'on découvre alors en soi des forces insoupçonnées. Je me souviens, tu m'as dit : « Tu crois ? » J'allais partir une semaine et j'ai eu envie avant de te quitter de te donner la force d'y croire. Je t'ai répondu : « J'en suis sûre », avec une telle fermeté que cela m'a étonnée. Une semaine plus tard, en revenant à l'hôpital, j'ai croisé ton cher Dr Tirou, il m'a dit que c'était un vrai miracle : tout était rentré dans l'ordre, et tu étais en pleine forme. Je me suis précipitée dans ta chambre. Tu étais assis sur ton lit, le visage rayonnant, et tu m'as prise dans tes bras. « J'ai envie de vivre » m'as-tu dit, et je t'ai simplement répondu, tellement j'étais émue : « J'ai envie de t'y aider. »

« Tu sais, Bernard, tu es l'une des personnes qui m'ont le plus appris. Je t'ai regardé vivre et te battre contre cette maladie, je t'ai vu te transformer. Tu m'as montré qu'on peut regarder sa mort en face et continuer à vivre en donnant un sens à sa vie. Je me souviens de ce jour où, venant de me casser le bras, tu es venu me chercher en taxi pour m'emmener chez ton ostéopathe. Dans la salle d'attente, devant le regard ébahi de deux dames d'un certain âge, tu m'as parlé de tes désirs concernant le devenir de ton corps. Les deux dames regardaient sans y croire cet homme de quarante ans, un peu amaigri mais rayonnant d'énergie, évoquer tranquillement sa mort, et le lieu où il aimerait que ses cendres soient dispersées, dans ce coin d'Italie qu'il aime, sous les oliviers. Je t'ai regardé. Tu respirais la vie, ce matin-là, et tu me parlais comme d'une chose naturelle de la mort. Je t'ai profondément et intimement remercié, Bernard, de me faire témoin d'une pareille chose. "Tu comprends, j'ai tout réglé maintenant, et je crois que je suis en paix avec tout le monde, je peux continuer à vivre ou mourir d'un moment à l'autre, je suis prêt", m'as-tu dit. C'était il y a trois mois. Tu en as fait du chemin, en dix-huit mois, depuis ce jour où tu as basculé dans le désespoir parce que tu venais d'apprendre que tu avais le sida. »

J'essaie avec amour de rassembler tous les moments de sa vie dont j'ai été témoin. Je sens que je fais œuvre sacrée : il me semble que je tisse ensemble deux fils d'or, celui de sa vie telle que je l'ai rencontrée, celui de ma vie, ces derniers mois, bouleversée par la sienne. Car on ne côtoie pas impunément quelqu'un que la mort caresse et qui, le sachant, vit tout ce qui lui arrive comme un don. J'ai appris à son contact à remercier pour chaque instant donné.

Je suis maintenant en train de dérouler à ses pieds de mourant le tissu de notre relation. Je voudrais tant lui dire, en ces derniers instants, combien il a contribué à me faire changer [1]!

Par la fenêtre de sa chambre, qui donne sur la Cité universitaire, arrivent les premières lueurs du jour. Son dernier jour. Bernard va mourir à sept heures du soir. Un ami vient de le quitter, une amie arrive quelques minutes plus tard. Comme tant d'autres, il a semblé attendre d'être seul pour rendre l'âme !

Neuf heures. L'équipe de soins palliatifs se retrouve dans l'office pour la pause café du matin. Au menu, des croissants et des pains au chocolat. C'est le Dr Clément qui les a apportés. Il lui arrive quand il sort de chez lui, le matin, pour aller à l'hôpital, de penser aux infirmières. Certaines sont là, dès sept heures du matin pour veiller au réveil des malades. En passant devant la boulangerie de la rue Coquillière, il s'arrête. C'est vrai que lorsqu'il arrive les bras chargés de ces pains odorants, avec son large sourire, un souffle de chaleur et de bien-être se répand dans le service.

1. Après sa mort et par fidélité à sa mémoire, j'ai fondé avec Jean-Louis Terrangle l'Association Bernard Dutant – Sida et Ressourcement – dont l'objectif est d'aider toute personne concernée par le VIH à trouver en elle-même la force de vivre sa situation.

L'équipe est donc rassemblée pour l'une de ces nombreuses occasions de réunion qui soudent son travail.

Voilà quelques années que j'ai rejoint cette équipe. La première à s'être portée volontaire, en France, pour entourer et soigner ceux qui vivent leurs derniers instants.

Je ne savais pas, en faisant ce choix, combien la proximité de la souffrance et de la mort des autres allait m'apprendre à vivre autrement, plus consciemment, plus intensément. Je ne savais pas qu'un lieu fait pour accueillir des mourants peut être tout l'inverse d'un mouroir, un lieu où la vie se manifeste dans toute sa force. Je ne savais pas que j'allais y découvrir ma propre humanité, que j'allais en quelque sorte plonger au cœur de l'humain.

Attirée par l'odeur du café bouillant et la mine réjouie du Dr Clément, Chantal, l'infirmière de nuit, décide de rester quelques instants de plus. Son service est terminé, mais elle a envie de partager avec les autres le fruit de sa nuit. La veille de nuit est une tâche solitaire, aussi manque-t-elle rarement une occasion de se mêler à l'équipe de jour pour se sentir moins seule. De la manière volubile qui est la sienne, la voilà qui raconte sa nuit. Patricia, la jeune femme qui est arrivée la veille, a sonné plusieurs fois dans la première partie de la nuit sous des prétextes divers.

Chantal l'a sentie angoissée. Elle dit avoir hésité à donner un calmant, puis une idée lumineuse l'a traversée. S'emparant d'un plateau, elle l'a recouvert d'une serviette blanche, puis a posé deux jolies tasses, un petit bouquet de fleurs et une bougie allumée. Après avoir rempli les tasses d'une bonne verveine fumante, elle est entrée dans la chambre de Patricia. Il était deux heures du matin. Elle nous décrit la mine surprise et heureuse de la jeune femme, l'ambiance de fête intime que son idée avait su créer.

Créer une ambiance, chaleureuse et calme, autour d'un malade angoissé est sans aucun doute ce que l'on peut faire de mieux pour lui. Cela fait longtemps que Chantal l'a compris. Aussi les médecins se sont toujours étonnés de constater qu'il y a si peu de calmants ou d'anxiolytiques donnés aux malades, les nuits où elle assure son service. Oui, elle préfère les masser, ou leur raconter une histoire, ou tout simplement les laisser parler, tandis qu'elle s'est installée tranquillement à leur chevet. C'est ce qu'elle a fait, cette nuit, nous dit-elle, avec Patricia.

Nous ne la connaissons pas encore, Patricia. Nous savons tout juste qu'elle souffre d'un cancer de l'utérus qui s'est généralisé et qu'elle ne peut déjà plus se lever. Comme tous les malades du service, elle est en phase terminale de sa maladie. Comme eux, elle a subi depuis longtemps toutes sortes de traitements durs, mais qu'elle a supportés courageusement, car sa vie était en jeu, et il fallait tout tenter pour la guérir. Sa maladie a évolué, et les médecins ont estimé qu'il n'y avait plus rien à faire pour la guérir. Que pouvait-on encore faire pour elle ? Le cancérologue qui la suivait a dû annoncer à Pierre, son mari, qu'il était à bout de ressources. « Combien de temps lui donnez-vous à vivre, docteur ? » lui avait-il demandé, la gorge serrée. Il lui a été répondu qu'on ne peut évaluer de façon précise le temps de vie qui reste aux malades « condamnés par la médecine. »

Mais, s'il n'y a plus rien à faire médicalement, cela veut-il dire qu'il n'y a plus rien à faire pour les mourants ? Ne sont-ils pas tous des vivants jusqu'au bout ? Le cancérologue conseille alors à Pierre de prendre contact avec cette unité des soins palliatifs créée depuis peu à Paris. Là-bas, assure-t-il à Pierre, on prendra soin de Patricia jusqu'au bout, on assurera les soins de confort, on l'empêchera de souffrir, on l'aidera à vivre ses derniers instants comme elle aura envie de les vivre. Et puis, Pierre pourra trouver le soutien dont il a besoin, pour accompagner sa femme dans cette ultime épreuve.

Le Dr Clément, qui a reçu le couple à son arrivée, nous confirme que Patricia n'a pas été informée du mauvais pronostic de sa maladie. On ne lui a pas dit non plus ce qu'est précisément une « unité de soins palliatifs ». Tout juste a-t-on parlé de « maison de repos ». Avec le tact qui est le sien, il a cherché à savoir ce que Pierre pensait de cette conspiration du silence autour de Patricia. De toute évidence, il n'est pas prêt à la rompre : il craint que

Patricia ne s'effondre, qu'elle ne perde sa joie de vivre, il craint qu'en lui ôtant tout espoir on ne la tue. Ce n'est pas la première fois que nous entendons ce genre d'arguments, qui montre à quel point la perspective de la mort est entourée d'angoisse. On pense protéger celui qui va mourir, mais ne cherche-t-on pas d'abord à se protéger soi-même ? Que sait-on des réactions intimes du mourant ? Ne sous-estime-t-on pas souvent sa capacité à faire face ?

Le Dr Clément en a parlé longuement avec Pierre. Il l'a d'abord rassuré : personne ici ne s'autorise à donner un pronostic dans le temps. Le temps qui reste à vivre à une personne « condamnée par la médecine » lui appartient. On peut dire qu'il s'agit d'un secret que nul ne détient, sinon la personne concernée, en son intime profondeur. Cependant le fait de ne pouvoir se prononcer sur le temps qui reste à vivre n'autorise pas pour autant à maintenir la personne dans un faux espoir de guérison. Là-dessus, le Dr Clément est formel. Si Patricia lui pose des questions claires concernant l'évolution de sa maladie, il lui dira qu'il est arrivé au bout de ses ressources thérapeutiques, qu'il n'a plus les moyens médicaux de la guérir. Ce n'est jamais facile pour un médecin d'assumer cette impuissance-là. Formé à guérir, il voit presque instinctivement la mort comme un échec. Il a fallu à ce médecin porté par la passion de guérir, amoureux de la vie, père de quatre enfants, une remise en question courageuse pour accepter ses limites et donner, à travers cette acceptation, une dimension plus profonde à son métier.

Comme beaucoup de ses collègues médecins, le mythe de la toute-puissance médicale l'a porté longtemps. Il a connu les années d'or de la médecine, celles qui ont vu naître de formidables progrès technologiques et qui ont fait reculer la mort sur bien des fronts. Il reconnaît qu'il se sentait investi d'un pouvoir et d'une responsabilité immenses, sauver des vies humaines ! Il arrivait, bien sûr, que certains de ses patients ne guérissent pas. Ils suivaient des circuits thérapeutiques spécialisés et généralement mouraient à l'hôpital. Le docteur n'aimait pas cela. Il éprouvait un sentiment d'échec, de tristesse, de culpabilité. Et puis, il y a eu la mort d'un proche. Il faut parfois être touché personnellement, pour voir les choses autrement. Voir, par exemple, que si la maladie est une ennemie à combattre, la mort, elle, n'en est pas une. Car contre elle, peut-on quelque chose ? Certains moments dans la vie font peut-être mieux comprendre que la mort fait partie de la vie et qu'elle est inévitable. Il y a deux façons alors de réagir : faire face ou fuir. Clément, lui, a choisi. Sa carrière l'a conduit à devenir praticien hospitalier et à côtoyer davantage la mort. Plutôt que de s'acharner sur le corps, pour maintenir la vie, à tout prix, il a choisi de soulager, de veiller au confort de ses malades mourants et de les accompagner jusqu'au bout.

Ainsi Pierre est-il sorti de cet entretien un peu réconforté. On allait se mettre à l'écoute de Patricia, respecter ses silences, mais aussi ses questions. On allait l'aider à cheminer vers plus de vérité, seulement si elle le souhaite.

Chacun autour de la table du café a écouté attentivement les propos du Dr Clément. Les infirmières apprécient la chance qu'elles ont de pouvoir parler ainsi avec un médecin de leurs malades. Cela n'a pas toujours été le cas pour elles. Elles viennent pour la plupart de services dans lesquels chacun reste isolé dans sa tâche, où jamais on ne peut parler tous ensemble de ce que vit le malade, encore moins de soi, de sa souffrance. La disponibilité est sans doute ce qui manque le plus dans les relations humaines à l'intérieur de l'hôpital. Ici, dans ce service, il me semble que c'est grâce à une certaine disponibilité des uns pour les autres que tout ce poids de douleur peut être porté et accompagné.

On lave les bols, on essuie la table. Chacun s'apprête pour la matinée. Le Dr Clément me prend affectueusement par l'épaule : « Viens Marie, on va aller voir Patricia ensemble ! »

« Bonjour Patricia ! je vous présente Marie, la psychologue du service, elle pourra vous aider, si vous en avez besoin ! Je crois que vous avez eu droit à une fête, cette nuit ? »

Tout en parlant, le docteur s'est assis à gauche du lit. Patricia m'a saluée d'un large sourire. Je suis frappée de sa beauté et du charme qui émane d'elle. Tandis qu'elle raconte au médecin les péripéties de la nuit, j'ai le temps de l'observer. Aucune trace de la maladie mortelle qui ronge cette femme dans les traits de son visage d'Eurasienne, épanoui et généreux, encadré voluptueusement par de longs cheveux noirs. L'orchidée fraîche qu'elle a piquée dedans en dit long sur le soin que Patricia prend d'elle-même, ou peut-être sur son désir de rester attrayante, quoi qu'il arrive. Je repense à la manière dont Pierre a parlé d'elle au Dr Clément. Comme d'une femme enfant à protéger.

« Et cette angoisse la nuit dernière, que se passait-il en vous ? » Le Dr Clément lui a pris la main, comme pour lui signifier qu'il est prêt à en parler avec elle.

« Je me pose beaucoup de questions, docteur, voilà un mois que je ne peux plus marcher et je vois bien que cela ne s'arrange pas. Dites-moi, est-ce que je pourrai remarcher ? »

Le Dr Clément me lance un regard que je connais bien. Il y a de la détresse et du courage dedans. Il sait qu'il va se lancer dans un exercice difficile, il me demande de le soutenir de ma présence. Il se fait un peu plus proche de Patricia et lui parle en la regardant dans les yeux, la voix tout emplie de délicatesse. Il reprend patiemment avec elle l'histoire de sa maladie. Oui, elle sait qu'elle a un cancer, elle sait que ce cancer s'est propagé. On a essayé la chimiothérapie, puis la radiothérapie, maintenant tous ces traitements durs sont arrêtés, car ils ne sont plus efficaces. On laisse les choses au repos, mais la maladie est toujours là. Oui, c'est à cause de cela qu'elle ne peut plus marcher, à cause de ce périnée tout envahi et douloureux. Oui, on ne sait plus quoi faire pour améliorer les choses, sinon soulager la douleur. Oui, dans l'état actuel des choses, marcher n'est pas envisageable.

Ça y est ! Le couperet incontournable de la vérité est tombé. Le plus délicatement possible, mais net, sans fioritures. Il n'y a pas d'autres choix. Tourner autour du pot, laisser les choses dans le vague, n'aurait fait qu'alourdir le malaise intérieur de Patricia. Celui qui l'empêche de dormir la nuit, parce qu'elle sent des choses et qu'elle ne peut mettre des mots dessus.

Patricia pleure maintenant à gros sanglots. Faire le deuil de son autonomie est une des souffrances les plus pénibles qui soient. Le Dr Clément est bouleversé, mais il sait que pleurer est sain et que Patricia ne peut pas faire l'économie de ce passage douloureux. Je me suis rapprochée, et Patricia est venue comme une petite fille se blottir dans mes bras. Elle sanglote : « Je ne veux pas mourir. »

Clément se lève alors. Il me passe le relais. C'est une des forces du travail en équipe. Tandis qu'il quitte la chambre, je tiens Patricia dans mes bras et je la berce doucement. Peu à peu les sanglots s'espacent, et les mots se fraient un passage entre eux :

« Je veux vivre, je ne veux pas mourir, pas maintenant, je ne veux pas que Dieu me prenne alors que je ne suis pas prête. »

« Vous aurez le temps dont vous avez besoin, Patricia, le temps qui vous reste à vivre vous appartient. C'est un secret entre votre âme et Dieu », lui dis-je.

Je sens Patricia soulagée. Elle vient sans même s'en rendre compte de troquer son renoncement à la guérison contre un peu de temps à vivre. Elle précise même un peu plus tard qu'elle a besoin d'au moins deux mois.

Cette forme de marchandage n'est pas rare chez les personnes qui sentent qu'elles vont mourir, mais qui ont encore tant à vivre. Elles fixent alors une échéance, le mariage d'un enfant, la naissance d'un petit-fils, telle ou telle fête. Dans la plupart des cas, l'échéance est atteinte. Une fois dépassée, la personne s'abandonne doucement aux bras de la mort.

Après avoir quitté Patricia, non sans l'avoir assurée qu'elle pouvait compter sur moi, sur mon soutien dans les moments difficiles, je sens le besoin de m'isoler un moment. Le petit fumoir, près de la salle à manger des familles, est vide. C'est un lieu calme qui a déjà accueilli bien des chagrins. Les familles des malades, les soignants viennent s'y réfugier quand ils ont besoin de silence et de solitude, pour reprendre des forces, ou simplement pleurer.

Ce moment passé près de Patricia m'a secouée. On ne sort jamais indemne de ces plongées au cœur de la souffrance des autres. Comment ne pas se sentir touché personnellement quand on est le témoin silencieux de ce moment grave entre tous où l'être humain entrevoit sa mort prochaine ? Un jour, cela m'arrivera aussi. Comment réagirai-je ?

Assise dans l'un des fauteuils confortables, je m'octroie ce moment de solitude, où je laisse ma pensée flotter ; c'est ma façon à moi de me ressourcer. Cette supplique de Patricia, ne pas mourir avant d'être prête, me fait penser à Xavier, un ami mort du sida, il y a quelques semaines. Un an avant sa mort, alors qu'il était en réanimation pour une pneumocystose aiguë, il m'avait dit : « Je n'ai pas peur de mourir, mais je ne voudrais pas mourir avant d'être prêt. » Dans la nuit, il avait rêvé qu'il devait partir pour « le nouveau monde », l'Amérique sans doute, mais on ne voulait pas encore lui donner son billet. « Vous l'aurez, en temps voulu », lui était-il répondu. Je me souviens de m'être émerveillée de la façon dont son rêve l'invitait à faire confiance au temps. Il partirait en « temps voulu ». Il avait demandé du temps pour se préparer à la mort, la vie lui a donné un an. Je sais, pour l'avoir souvent rencontré pendant cette année, qu'au-delà des questions matérielles à régler se préparer à mourir signifie en fait creuser le plus profondément possible le lit de sa relation aux autres, apprendre à s'abandonner.

On me demande souvent ce qui m'a poussée à venir travailler dans un endroit comme celui-là, à côtoyer la souffrance et la mort. Il me semble que deux courants m'ont portée là, depuis l'enfance. L'un, plus spirituel, a pris naissance dans l'angoisse familiale, face à la mort, c'est la question sans réponse que je médite quotidiennement et qui me fait avancer. L'autre, c'est ma curiosité infinie pour l'âme humaine qui m'a conduite à devenir psychologue, à explorer le champ de la psychanalyse puis récemment celui de l'haptonomie, science du contact affectif.

La vie m'a appris trois choses : la première est que je n'éviterai ni ma mort ni celle de mes proches. La deuxième est que l'être humain ne se réduit pas à ce que nous voyons ou croyons voir. Il est toujours infiniment plus grand, plus profond que nos jugements étroits ne peuvent le dire. Il n'a, enfin, jamais dit son dernier mot, toujours en devenir, en puissance de s'accomplir, capable de se transformer à travers les crises et les épreuves de sa vie.

Née après la guerre, dans une famille qui avait été durement éprouvée par elle, j'ai grandi dans un climat d'angoisse et de surprotection. Il n'était jamais question ouvertement de la mort, mais elle planait au-dessus de nous, et notre vie était soumise à toutes sortes de rites, sans doute destinés à nous protéger d'elle.

Ainsi, je me souviens que toutes les promenades, quand nous étions en vacances chez ma grand-mère maternelle, se terminaient au cimetière. C'était un joli cimetière au milieu des vignes du Beaujolais. Mon grand-père et mon oncle y étaient enterrés. Une plaque indiquait que ce dernier était « mort pour la France » à l'âge de vingt-cinq ans. Nous venions donc quotidiennement prier sur cette tombe, portant de lourds arrosoirs d'eau, car il n'y avait pas encore l'eau courante dans ce lieu éloigné du village, et ma grand-mère tenait à ce que les géraniums restent beaux et fleuris.

Cette visite quotidienne, que j'accomplissais volontiers, sentant qu'il s'agissait là d'une affaire grave, m'apprenait tout naturellement à méditer sur la vie et la mort. À genoux ou assise, je regardais l'horizon au-dessus du petit mur d'enclos. Le cimetière était à flanc de colline, et la vue s'étendait très loin, bien au-delà de la Saône, parfois jusque vers les Alpes. Les jours où l'on apercevait le mont Blanc étaient des jours bénis. Je pensais et me posais mille questions, où était ce jeune oncle que je n'avais pas connu, et ce jeune enfant, mort à quatre ans, sur la tombe duquel je m'asseyais pour regarder le lointain ? Qu'y avait-il après la mort ? Au bout d'un moment, ne trouvant pas les réponses, je me levais et je m'activais. J'avais entrepris d'entretenir une tombe abandonnée à la fin du siècle dernier. Personne, de toute évidence, ne venait plus depuis bien longtemps prier pour ce jeune homme, prêtre, mort lui aussi à l'âge de vingt-cinq ans. La grille qui entourait la pierre tombale était rouillée, il n'y avait jamais de fleurs. J'avais pris cette tombe sous ma protection, j'avais commencé à repeindre, je déposais tous les soirs mon petit bouquet de fleurs des champs, sur la pierre grise usée par le temps.

C'est maintenant que je mesure combien ce rite quotidien a contribué à me préparer à ce qui est aujourd'hui ma tâche : lever le tabou sur la mort, lui rendre sa place au cœur de notre vie.

Car, loin de faire de moi une personne déprimée et morbide, cette familiarité avec la mort, cette méditation sur elle, m'a donné un goût intense de la vie et du plaisir, une curiosité de tout. J'y ai puisé une immense énergie.

Il m'arrivait pourtant de connaître de terribles états d'angoisse. J'ai compris plus tard que j'absorbais comme une éponge l'anxiété de mes parents qui redoutaient toute séparation, toute rupture. Mon angoisse précoce de la mort était celle d'être la cause d'un chagrin immense.

Et puis quelques années plus tard ma grand-mère est morte en prononçant cette dernière parole : « Ah ! la lumière ! c'était donc vrai ! » J'ai su alors, en mon for intérieur, que la mort en tant que telle n'était pas grand-chose, sans doute un passage dans une dimension mystérieuse. Mais ce qui était grave, c'était le chagrin de la séparation, et pour certains aussi c'était de mourir sans avoir vraiment, intensément vécu.

La vie était précieuse. Cette idée qu'il fallait en faire quelque chose, accomplir une tâche, m'est donc venue très tôt.

Et puis il y a eu la mort de mon père. Une mort brutale, inattendue, cruelle. Une mort qu'il s'est donnée lui-même, à l'âge de quatre-vingt-deux ans, avec son arme, une mort incompréhensible, et qui le restera. Je ne saurai jamais pourquoi. Ce que je sais, en revanche, c'est le poids et la douleur d'une disparition, lorsqu'on n'a pas pu se dire adieu. Tout ce que j'aurais voulu dire à mon père et que je n'ai pas eu le temps de lui dire ; les mots, les gestes d'amour, de gratitude, cette mort que je n'ai pas pu accompagner, ont certainement pesé de leur poids dans le choix qui a été le mien, quelques années plus tard, de me consacrer à l'accompagnement des personnes en fin de vie.

Marie-Hélène, une jeune femme très douce et calme, qui porte avec grâce sa fonction de surveillante, me signale l'arrivée d'une nouvelle malade. En quelques mots, elle me dresse un tableau plutôt pitoyable de la situation : une femme de soixante-dix ans, en pleine confusion mentale, atteinte d'un cancer de l'utérus, avec de multiples métastases, si agitée et anxieuse qu'il a fallu mettre les barrières du lit. On craint, me dit-elle, qu'elle ne cherche à passer par-dessus. Aussi faut-il prévoir une présence constante à ses côtés. Pour le moment, sa fille, qui l'a accompagnée, se trouve à son chevet. Elle semble elle aussi assez perturbée.

Le temps de poser mon sac dans mon bureau, d'enfiler ma blouse blanche, et me voici au seuil de la chambre 775. J'ai toujours un moment très rapide mais essentiel de recueillement avant de pénétrer dans la chambre d'un nouveau malade. Chaque rencontre, je le sais, est une nouvelle aventure. Mais la rencontre avec un être qui se prépare à mourir commande une attention et un respect particuliers. Nous ne sommes jamais sûrs de revoir cette personne.

Sur le lit, j'aperçois une forme avachie, un corps pantelant, secoué de brusques mouvements agités, un visage défait, des yeux hagards, des cheveux blancs assez longs en désordre. Cette femme fait peine à voir. À sa droite se tient sa fille, debout, visiblement consternée de ce spectacle, guettant anxieusement chaque mouvement de sa mère. À gauche du lit, il y a Simone, l'aide-soignante, calme et souriante, petite lumière rassurante dans cette vision d'enfer. Marcelle, notre malade, est une ancienne ouvrière, courageuse, maîtresse femme, qui a lutté pour vivre et élever ses enfants. Aujourd'hui elle tient des propos incohérents, ponctués de grands mouvements des bras et de tentatives désespérées pour enjamber les barrières. Sa fille et Simone la contiennent avec peine.

Au moment où j'arrive près du lit, j'entends, au milieu du flot de paroles insensées, le mot « mourir ». Ce mot lâché rebondit plusieurs fois comme pourrait le faire un objet incongru jeté au milieu d'un torrent en folie. Et chaque fois qu'elle entend le mot redouté, la fille de Marcelle s'affole à son tour, et supplie sa mère de se taire : « Ne dis pas cela, maman, calme-toi, voyons, tu es là pour qu'on te soigne et pour guérir ! »

Comme pour saluer ce propos faussement rassurant, Marcelle redouble d'agitation. Simone me regarde. Je sens qu'elle veut intervenir et je l'encourage d'un sourire. Elle suggère alors délicatement mais fermement à la fille de quitter la chambre et de nous laisser un moment seules avec sa mère. Cette dernière, une fois sa fille sortie, se tourne alors vers l'aide-soignante qui se tient penchée vers elle, dans cette attitude d'attention tendre qui donne tellement confiance aux malades. J'assiste là à un tête-à-tête silencieux où, les yeux plantés droit dans ceux de Simone, cette femme semble dire : « Je veux qu'on soit vrai avec moi. » Alors, d'un ton clair et ferme, qui tranche avec la confusion des propos tenus jusque-là, Marcelle regarde Simone et lui dit : « Je vais mourir. » Et Simone d'entourer la malade de ses bras et de lui répondre tendrement : « Nous serons là pour vous accompagner jusqu'au bout ! »

Pas de paroles faussement consolatrices, pas de fuite, pas d'agitation. L'aide-soignante s'est contentée de prendre acte de ce que lui disait cette femme et de l'assurer par la qualité même de son attention et de sa présence qu'elle ne serait pas seule pour mourir.

À notre grande surprise, il faut le dire, Marcelle s'est alors redressée d'elle-même dans le lit, et une fois confortablement installée contre ses oreillers, avec une sorte d'autorité intérieure, comme si en effet elle avait retrouvé son axe, et ses esprits, demande qu'on fasse entrer sa fille. Celle-ci, on l'imagine, étonnée de voir sa mère enfin revenue au calme, s'approche avec inquiétude.

«Je vais mourir», répète Marcelle, d'une voix faible mais tranquille.

«Maman, il ne faut pas dire cela! Tu n'as pas honte! »

Devant le désarroi de cette fille visiblement peu préparée à se séparer de sa mère et le poids que ce désarroi fait peser sur celle qui tente courageusement d'affronter sa mort, je m'approche à mon tour.

«Votre maman est en train de nous dire ce qu'elle sent. Il nous faut l'écouter et la laisser nous dire ce dont elle a besoin. C'est comme cela que vous pouvez l'aider! »

À sa fille qui pleure maintenant doucement à ses côtés, Marcelle dicte alors ses dernières volontés. Elle veut voir tous ses enfants, et ses petits-enfants, elle veut donner d'ultimes instructions et dire au revoir. On sent qu'elle est redevenue elle-même, une maîtresse femme, et qu'il est important qu'elle le demeure jusqu'au bout. C'est sans doute sa façon à elle de mourir dans la dignité.

Discrètement, Simone et moi, nous quittons la chambre, laissant notre malade régler avec sa fille les détails de ce qui ressemble fort à une « cérémonie des adieux ».

« Simone, tu as été formidable, tu as eu le mot juste, et l'effet a été quasi miraculeux ! » lui dis-je en l'entourant d'un geste affectueux.

J'aime beaucoup Simone. Avec ses grands yeux bleus, très clairs, et sa voix chantante, cette petite femme met beaucoup de gaieté et de vie parmi nous. Pourtant elle a eu son lot de souffrances et je sais que sa vie n'est pas facile, car elle élève seule ses enfants. C'est peut-être cette joie de vivre spontanée, chez quelqu'un qui connaît la souffrance, qui nous émeut tant chez elle. Un jour que je lui avais demandé ce qui l'aidait à soigner des personnes si dépendantes, et physiquement dégradées, elle m'avait fait simplement cette réponse : « Je me dis que cela pourrait être mon père ou ma mère. Alors, je fais pour elles comme je ferais pour eux, ou comme j'aimerais qu'on fasse pour moi, si j'étais à cette place-là. »

Dans un élan de tendresse, j'embrasse Simone qui a su si simplement sortir cette femme du gouffre où elle se débattait et lui propose que nous allions prendre un café.

Nous venons une fois de plus d'en être témoin : la pire solitude pour un mourant est de ne pouvoir annoncer à ses proches qu'il va mourir. Sentant venir sa mort, celui qui ne peut en parler, ni partager avec les siens ce que la proximité de ce départ lui inspire, celui-là n'a souvent pas d'autre issue que la confusion mentale, le délire, ou même la douleur qui permet au moins de parler de quelque chose.

Nous l'avons constaté si souvent : le mourant sait. Il a seulement besoin qu'on l'aide à dire ce qu'il sait. Pourquoi a-t-il tant de mal à le dire ? N'est-ce pas de percevoir l'angoisse de son entourage qui l'empêche de parler et le conduit à protéger les autres ? Ce que nous venons de vivre avec Marcelle nous confirme que celui qui peut parler à la première personne, dire « JE VAIS MOURIR », celui-là ne subit pas sa mort, mais peut la vivre en sujet. Alors il se redresse et révèle une force intérieure que parfois on ne soupçonnait pas. Celui qui peut dire « je vais mourir » peut aussi être acteur de son départ, l'organiser, comme cette femme que nous venons de quitter est en train de le faire.

Quelques autres de l'équipe nous ont rejointes autour du café et nous demandent de raconter la scène, il y a aussi une stagiaire, qui vient d'un hôpital de province. Dans le service de cancérologie où elle travaille comme infirmière, on éprouve un malaise constant autour des patients pour lesquels les thérapeutiques curatives ont échoué. Les médecins ne sont pas partisans de la « vérité ». Ils se contentent d'informer les familles qui se voient par là même condamnées au secret. Les infirmières aussi subissent la même condamnation. Quel inconfort de devoir soigner des malades qui vous lancent des regards anxieux et interrogateurs, et vous demandent pourquoi cela ne va pas mieux ! Coincées entre l'angoisse des malades et la lâcheté des médecins, elles n'ont pas les moyens d'accompagner leurs patients et rentrent souvent chez elles avec le sentiment de n'avoir pas été humainement à la hauteur de la situation.

« Ici, au moins, vous n'avez pas ce genre de problème, puisque toute l'équipe va dans le sens d'une transparence. »

Je sens le désarroi de cette infirmière, sa solitude. Elle découvre, en venant dans notre service, que la réponse à ce problème de communication avec le malade en fin de vie est une réponse collective. Seul, que peut-on ? Quand tout autour on fuit, on abandonne ? J'aimerais lui dire qu'elle peut malgré tout réellement aider ses malades.

« Si tu peux seulement t'asseoir quelques minutes et permettre à tes malades de te dire ce qu'ils sentent, tu leur apportes beaucoup. Si les questions sont trop pressantes : est-ce que je suis foutu ? Pourquoi est-ce qu'on ne me fait plus rien ? Combien de temps me reste-t-il ? tu peux répondre que tu ne sais pas tout, mais qu'on a le droit de se poser toutes ces questions. Alors ils sentiront que tu n'as pas peur et ils partageront avec toi ce qu'ils sentent. »

La conversation va bon train dans l'équipe. On évoque telle malade à qui on avait présenté l'unité de soins palliatifs comme une « maison de convalescence ». Arrivée dans un état d'angoisse extrême,

« je n'y comprends rien », répétait-elle, « on parle de convalescence, et je me sens tous les jours plus faible », elle n'a pas tardé à poser franchement la question au médecin : « Mais que se passe t-il ? » Celui-ci lui a alors répondu : « Convalescence n'est pas le mot juste, vous êtes ici dans une unité de soins palliatifs, où l'on vous prodiguera des soins de confort et un traitement pour la douleur, car votre maladie évolue, et nous n'avons pas les moyens de l'arrêter. » À ces mots, loin de s'effondrer, la jeune femme a poussé un soupir de soulagement : « Au moins, je comprends ! » Son angoisse provenait du décalage entre ce qu'elle sentait au fond d'elle-même, ce que son corps lui disait et le discours qu'on lui tenait. Maintenant il y avait une cohérence entre les deux. La nuit qui a suivi cette conversation avec le médecin, elle a très bien dormi. Et les jours suivants, elle a commencé à se préparer au départ.

« C'est vrai, reprend une infirmière, les familles imaginent toujours que le malade ne va pas supporter la vérité. Elles ne se rendent pas compte qu'il la sait déjà et qu'il la porte tout seul. »

« Comment aidez-vous les familles, alors ? » demande la jeune stagiaire.

« Je propose souvent d'imaginer ce qui pourrait aider si on se trouvait à la place du malade. La plupart des gens disent qu'ils n'aimeraient pas qu'on leur raconte n'importe quoi. Certains disent qu'ils seraient surtout préoccupés par leurs proches, qu'ils auraient besoin d'être rassurés sur leur avenir. »

« Et pour eux-mêmes ? » demande une bénévole qui s'est jointe à la conversation. »

« L'assurance d'être soigné jusqu'au bout, d'être soulagé en cas de douleur physique, et de garder des relations naturelles et vivantes avec les autres. C'est surtout ce dernier point dont sont privés les malades que l'on maintient dans la conspiration du silence. »

La fin de l'après-midi arrive. L'équipe se disperse dans les chambres, car c'est l'heure de la distribution des médicaments et des soins à renouveler. C'est aussi le moment où l'on peut rencontrer les familles venues passer l'après-midi près de leur malade. Je croise la fille de Marcelle, qui m'adresse un large sourire. Elle va, dit-elle, téléphoner à ses frères et sœurs pour les prévenir du vœu de sa mère de les réunir tous à son chevet. Elle est soulagée de voir que sa mère a retrouvé ses esprits et qu'elle prend les choses en main. « C'est tout à fait elle, ajoute-t-elle avec un sanglot à peine retenu, elle nous a appris à vivre courageusement, maintenant elle nous montre comment mourir de même. »

Avant de quitter le service, je passe dans la chambre de Patricia. La pièce est pleine de monde : sa fille, son mari, des amis. Et son petit-fils de neuf mois, qui s'est blotti contre elle, comme pour lui réchauffer le cœur. Sur la table, une gigantesque corbeille de fruits exotiques. L'ensemble me donne une impression de chaleur et de vie. Le visage de

Patricia ne porte plus aucun signe de la détresse de ce matin. Je lui souhaite une bonne soirée, et une bonne nuit, en l'embrassant tout naturellement, puisqu'elle m'y invite.

En revenant chez moi, je ne peux m'empêcher de remarquer combien une seule journée peut être riche. Riche en rencontres, riche en contrastes. Je suis heureuse pour Marcelle et pour Patricia. Je sais qu'elles auront à affronter des moments bien difficiles, mais elles ont l'une et l'autre, à leur manière, montré la force intérieure qui est la leur. Et je sais que cette force ne leur fera pas défaut. Sans doute mon incorrigible confiance se nourrit-elle quotidiennement de tous ces petits signes qui montrent, si on veut bien les remarquer, qu'il y a en nous plus grand que nous.

Il est neuf heures du soir. Cela se passe dans un bon restaurant de poissons du Quartier latin. L'homme avec qui je dîne m'a fait, un jour, une demande si grave et si intime à la fois que j'en suis restée sur le coup interdite. C'était l'été d'avant. Nous étions allongés dehors sur l'herbe, goûtant la douceur du vent sur la peau, la brûlure du soleil sur les fines gouttes d'eau qui s'accrochaient encore après le bain que nous venions de prendre. Nous parlions de la vieillesse et de la mort, et de ce temps de la vie qu'on redoute d'aborder, parce qu'on n'est pas sûr de garder la barre et que l'idée même de la dépendance est insupportable. Lui, cet homme, avait décidé, pour se prémunir de ce danger extrême de la perte de ses moyens, de se suicider lorsqu'il atteindrait ses soixante-cinq ans. C'était, disait-il, sa seule et unique liberté, celle de décider du moment de sa mort. Une chose cependant l'assombrissait : la pensée qu'il devrait sans doute se cacher et mourir seul. Il évoquait avec colère la façon dont Bettelheim avait dû se suicider ; se voir réduit à employer des moyens aussi archaïques – tu penses, enfoncer sa tête dans un sac en plastique et étouffer comme cela, seul dans son coin ! Ne peut-on reconnaître à l'homme le droit de mourir quand il le veut et d'être accompagné ?

Il y avait presque du désespoir dans sa voix. Je vis qu'il parlait sérieusement et je me fis toute présente à lui. Que demandait-il au juste ? qu'on l'euthanasie, qu'on le tue ? Je sentais une certaine violence en moi : nul ne peut demander à un autre d'ôter la vie. Tout en moi se cabrait, se révoltait. Je sentais venir tous les arguments de circonstance : as-tu pensé aux autres, à ceux qui t'aiment ? Pourquoi décider d'avance que la vieillesse serait insupportable ? Il existe des vieillards qui terminent leur vie dans un rayonnement de lumière et de sagesse, pourquoi ne serais-tu pas de ceux-là ?

À quoi bon, pensais-je, tout cela lui a déjà été dit. C'est alors que je décidai d'écouter plus profondément ce qu'il cherchait à me dire.

« Je ne demande pas qu'on m'aide à me suicider, ni même qu'on soit complice ou d'accord, je demande seulement pourquoi il ne serait pas possible que quelqu'un soit là, comme témoin silencieux, à mes côtés, pour ne pas être seul. Quelqu'un qui puisse se tenir près de moi, ne pouvant rien pour moi, ne cherchant pas à me détourner de ma décision, à me proposer en remplacement une autre façon d'envisager l'avenir, quelqu'un simplement pour qu'il ne soit pas dit que je mourrai seul. »

J'ai entrevu alors, à travers la confusion des sentiments et des idées que cette étrange demande agitait en moi, toute l'humanité qui était demandée, dans cette position de témoin inutile et impuissant, dans l'extrême pauvreté où il faudrait aller, pour l'accompagner dans cet acte pour moi absurde, mais qui était le sien, sa façon à lui de mourir. Comme j'étais touchée, j'ai dit oui. Oui, si tu me le demandes, et bien que je désapprouve totalement ce que tu fais, je serai là, à ton côté, pour que tu ne sois pas seul et que tu te saches aimé jusqu'au bout.

Maintenant, autour d'une sole grillée et d'un vin blanc bien frais, nous évoquons ce pacte, scellé un après-midi d'été, qui reste malgré tout un pacte imaginaire, sans lien avec la réalité. Quelque chose me préoccupe, dont je n'ai pas voulu parler alors, parce que l'urgence était d'entendre cette demande d'amour. Je m'étonne du ton sur lequel il revendiquait cette liberté de disposer de sa vie, je lui rappelle le ton violent et dur, comme s'il fallait défendre un bien menacé, je lui rappelle le regard, bleu et froid, aiguisé comme une arme. Contre qui et quoi se défendait-il ? À qui arrachait-il cette ultime liberté ? La question reste posée, et je sens qu'il l'accepte. Moi-même d'ailleurs je ne sais plus si je pourrais tenir un tel engagement. Il le sait. Et c'est de cela dont nous parlons. Il me semble que d'un côté je pourrais rester là sans intervenir pour qu'il ne soit pas seul, mais d'un autre côté cela me paraît tout simplement impensable. Je ne sais plus, je suis incapable de penser, comme on peut l'être quand on est au cœur d'une contradiction. Il m'écoute. À ma grande surprise, il m'annonce que le problème s'est déplacé. Simplement parce que j'ai entendu sa demande et que je l'ai prise au sérieux. Il me parle maintenant du fond de lui-même, d'un lieu tout autre, sa voix est posée, calme et chaude, le regard plein de tendresse. Il peut regarder ses soixante-cinq ans à venir autrement. Il y a maintenant place pour d'autres perspectives, un espace ouvert. C'est venu tout naturellement en lui, ces derniers mois, cet espace ouvert à d'autres possibles, pour sa vieillesse. C'est venu avec une ouverture du cœur, qui élargit le présent, et donc l'avenir. Peut-être a-t-il davantage confiance dans ce que la vie lui réserve.

Je l'écoute, et je suis heureuse. Non pas qu'il semble s'éloigner de son projet mortel. Non, je suis heureuse comme on peut l'être quand on a pris un risque et que l'on a dépassé un danger, comme on peut l'être quand des portes s'ouvrent sur des paysages nouveaux.

Dans la chambre 780, Dominique ne cesse de réclamer la mort. Elle est déjà là depuis trois semaines. Au début, elle allait et venait, presque euphorique, dans le couloir du service. C'est que le traitement de la douleur avait fait merveille : elle ne souffrait plus ! Les infirmières s'étaient prises de sympathie pour cette petite femme maigre, retraitée de l'Éducation nationale, fumant cigarette sur cigarette, avec son franc-parler et sa manière directe d'évoquer sa maladie et sa mort qu'elle savait proche. Le genre de malade que l'on aime bien, lucide et franche, avec un brin d'humour. On allait même fumer une cigarette avec elle, dans sa chambre, histoire de se détendre. Certains malades ne le savent peut-être pas, mais ils aident à leur façon le personnel soignant. C'était le cas de Dominique, jusqu'au jour où son état s'est aggravé. Voilà quelques jours qu'elle ne se lève plus et que les douleurs sont revenues. Les médecins se sont vite aperçus que celles-ci cédaient dès que quelqu'un venait s'asseoir à ses côtés, ou dès qu'on la massait un peu longuement. Mais il est devenu difficile pour les infirmières de rester là, près d'elle. Dominique réclame la mort. Face à cette demande, que dire, que faire ?

« Faites quelque chose, je vous en prie, je ne peux pas rester comme cela, clouée au lit à attendre la mort, je n'en peux plus ! »

Le Dr Clément, lui aussi, n'en peut plus, et les infirmières commencent à la prendre en grippe. On sent que s'installe une sorte de cercle vicieux : le malade réclame quelque chose qu'on ne peut pas lui donner. Plus il réclame cette chose impossible, plus il sent le risque d'être rejeté, plus il craint d'être abandonné, et plus il réclame la mort qu'on ne peut lui donner. Les aveux d'impuissance du médecin – « Ce n'est pas en mon pouvoir de décider du moment de votre mort » –, les incitations à lâcher prise – « laissez-vous aller, Dominique » –, rien n'y fait.

« Marie, tu devrais aller la voir ! »

Me voilà donc assise sur le lit, tournée vers le visage volontaire de cette femme qui veut mourir.

« Qu'attend-on ? demande-t-elle sur un ton agressif, que je ne sois plus qu'une loque ? »

« Que nous demandez-vous, Dominique ? De vous donner la mort. Vous savez comme moi que cela n'est pas en notre pouvoir, même si techniquement cela peut se faire. »

« Alors, on va me laisser comme ça ? gémit-elle. C'est insupportable ! Cette attente qui n'en finit pas. Combien de temps cela va-t-il durer ? »

Dominique serre les poings et pousse un hurlement que l'on pourrait croire de douleur, mais qui n'est que l'expression d'une révolte qui sourd en elle et ne peut s'échapper qu'à travers une longue plainte douloureuse. Ayant perçu ce cri strident, une infirmière est déjà là sur le pas de la porte. Je lui fais signe que je suis là. Je sens que Dominique a besoin de laisser sortir sa colère, sans que le moindre cri donne lieu à une intervention médicale, une augmentation de la morphine ou la délivrance d'un anxiolytique. Comme toujours, lorsque la colère peut s'exprimer, vient un moment de répit. Maintenant Dominique est plus calme, presque un peu lasse. Je m'approche, lui tends la main qu'elle prend et garde dans la sienne.

« Je veux mourir, me dit-elle, regardez ce que je suis devenue. »

Elle me parle de tout le calvaire vécu, des seins amputés, de la perte de son identité de femme. Elle ne voit plus d'intérêt à la vie. Le tableau est très noir, très désespéré. Je l'écoute avec toute l'attention possible. Je suis là pour elle, simplement. Dominique me serre la main dans les moments où l'émotion monte, je réponds, nos mains se parlent. Au bout d'un long moment, elle me dit avec un sourire : « Vous me faites du bien. »

« Êtes-vous sûre, lui dis-je, d'avoir fini de vivre ? »

Elle semble surprise par ma question « Fini de vivre ? » Je la sens songeuse, perplexe : « Que voulez-vous dire ? » finit-elle par demander.

« Quelque chose, quelqu'un vous rattache-t-il à la vie, pour que vous soyez encore là ? »

Je la sens de plus en plus intriguée.

« Plus personne ne me rattache à la vie, non, mais il y a tant de choses non réglées ! » dit-elle, avec lassitude.

Voilà, je sens que le poisson a mordu à l'hameçon. Il y a donc de l'inachevé dans l'air.

« Voulez-vous m'en parler, cela peut peut-être vous aider ? »

Comme je suis disponible, et qu'elle le sent, elle se redresse et allume une cigarette. Pendant près d'une heure, elle me fait alors le récit de sa vie, m'entraîne à sa suite dans l'enchevêtrement des déceptions amoureuses, des trahisons, des tentatives de rester intègre au milieu de ce qu'elle juge être la médiocrité de la fonction publique. Elle me confie sa souffrance intime de n'avoir pu empêcher son compagnon de vie de sombrer dans la folie. Une vie poignante, qu'elle ramasse ainsi morceau par morceau devant moi, avec un ultime souci : trouver le fil qui les relie et leur donne un sens. Je lui confie le respect que j'éprouve pour ce qu'elle a vécu. Son visage s'éclaire, oui, elle a trouvé le fil !

« Eh bien tout cela, c'est moi, dit-elle, c'est ma vie ! »

« C'est votre vie », dis-je en insistant sur le « votre ».

Dans le silence qui suit, il n'y a plus ni plainte ni inconfort. Un petit sourire de jubilation sur le visage, Dominique s'est endormie.

Dans la chambre d'à côté est en train de mourir un homme qui lui aussi a réclamé haut et fort qu'on abrège sa vie, il y a trois mois. Dès son arrivée dans le service, il a demandé avec autorité qu'on lui « fasse la piqûre ».

« Je sais très bien où j'en suis, je sais que je vais me dégrader tous les jours un peu plus, je ne vois pas de raison d'attendre ce qui est inéluctable ! »

Le Dr Clément lui a simplement répondu : « Pour le moment, vous n'êtes pas mourant, nous en reparlerons plus tard. »

Notre homme, ancien pilote de chasse de l'aviation, adorait raconter ses exploits et tous ces moments intenses où justement il avait risqué sa vie. On le vit, les jours suivants, retenir à son chevet l'un ou l'autre soignant ou bénévole de l'équipe. Il aimait la compagnie et prenait un plaisir évident à exercer sa séduction de conteur. Personne parmi le personnel soignant n'avait le sentiment que cet homme avait fini de vivre. Malgré tout, il réitérait quotidiennement au médecin sa demande d'euthanasie. Un jour que je me trouvais près de lui, il se surprit à me raconter une période de sa vie, sur laquelle il pensait, disait-il, avoir fait une croix. Il s'agissait d'un premier mariage dont il avait eu deux filles. Une histoire pénible sur laquelle il n'avait pas envie de revenir. Pourquoi diable alors y pensait-il à nouveau ? Ses filles devaient avoir la trentaine maintenant, mais il ne savait plus rien d'elles. Pourquoi de la tristesse venait-elle à son cœur ? « N'auriez-vous pas envie de les revoir avant de mourir ? » m'étais-je hasardé. « Peut-être bien », m'avait-il répondu.

De ce jour-là, il ne fut plus question d'euthanasie. Les recherches patientes de la secrétaire du service finirent par aboutir. On retrouva ses filles. Elles accoururent à son chevet et, après des retrouvailles qui émurent tout le monde, se relayèrent au chevet de leur père pour l'accompagner. L'une des filles est religieuse, l'autre est infirmière, et c'est en leur présence, douce et calme, qu'il est en train de s'éteindre.

Dans la salle de réunions, arrivent maintenant les uns après les autres les soignants de l'unité. Il est midi, et tous les jours, à cette heure, chacun se retrouve ici pour faire le point quotidien, sur les malades, sur la démarche à suivre ou l'attitude à adopter dans telle ou telle situation. Aujourd'hui il est beaucoup question de toutes ces demandes d'euthanasie qui nous sont faites à l'entrée dans le service, ou même parfois plus tard, comme c'est le cas de Dominique. Que recouvrent-elles ? Nous sentons bien qu'elles expriment l'insupportable de la situation. Peut-on décoder ce qui est si difficile à vivre ? Peut-on répondre autrement qu'en restant au premier niveau ? Il nous paraît certain qu'il y a là une tentative de communication. Que cherche-t-on à nous dire ?

J'évoque le cas de Jacques, notre pilote de chasse, et remarque combien les choses ont évolué depuis sa demande initiale de « piqûre ». Cet homme ne cherchait-il pas un sens au temps qui lui restait à vivre ? N'aurions-nous pas volé sa mort, si nous avions accédé à son vœu ? Ces retrouvailles avec ses filles n'auraient pas eu lieu, et au lieu de terminer sa vie dans la paix, tendrement entouré par l'affection de ses enfants, il serait sans doute mort dans l'angoisse et le tourment.

Et Dominique ? Je fais part à l'équipe de mon sentiment : les plaintes douloureuses semblent masquer une grande colère, contre la vie, contre elle-même surtout. J'ai eu l'impression qu'en me parlant d'elle cette colère était retombée. Elle m'a confié que bien des choses restaient non réglées. Son désir d'en finir me semble lié à cela.

« La nuit a été calme et, ce matin, pendant les soins, il n'a pas été question de son désir de mourir, remarque une infirmière, Dominique était même assez agréable, elle nous a appelées "mes chéries". »

Le Dr Clément pousse un soupir de soulagement. Puis, reprenant ses dossiers, il annonce l'air soucieux que deux autres personnes dans le service réclament actuellement qu'on abrège leurs jours.

« Paul, un jeune homme atteint du sida, et Marie-France, une dame de soixante-dix ans, atteinte d'un cancer de la face. Il va falloir être attentif», conclut-il.

N'a-t-il pas appris ici qu'il ne faut surtout pas décider trop vite?

Notre pilote est mort dans la nuit. En arrivant dans le service, je commence par me rendre auprès de sa dépouille. Ici, les règles hospitalières sont assouplies, et les corps de nos patients peuvent rester dans la chambre pendant six heures. Cela laisse le temps aux familles de venir se recueillir dans la chambre où se sont échangés tant de paroles et de baisers, ultimes gestes d'amour qui restent ensuite gravés pour toujours. Les infirmières et les aides-soignantes prennent un soin particulier à la toilette mortuaire et à la présentation du mort, sur son lit. Rien d'artificiel dans leur souci de restituer à la personne qu'elles ont soignée avec toute l'attention et le respect dont elles sont capables une apparence aussi belle que possible. Ce rite de la dernière toilette est pour elles l'occasion de rendre un dernier hommage. Aussi n'est-on pas étonné de découvrir toutes sortes de petites attentions: tel parfum, telle robe, telle fleur dans les cheveux ou entre les mains jointes sur le drap témoignant de leur désir d'honorer le mort. Sous leurs mains pleines d'amour, les visages semblent trouver le repos, se détendent et paraissent parfois d'une bouleversante jeunesse. Les proches éprouvés reçoivent cette dernière marque d'attention des soignants comme un baume : quel réconfort en effet de pouvoir garder dans sa mémoire le souvenir d'un visage ayant retrouvé la paix, après tant de souffrances !

Notre cher Jacques repose dans son ancien uniforme, le visage serein et rajeuni. Son beau profil volontaire semble curieusement s'être adouci. On dirait un léger sourire sur les lèvres, comme pour nous demander de ne pas être tristes. Ses filles qui prient à ses côtés m'invitent d'un geste délicat à me joindre à elles. Elles ont allumé une bougie, ainsi qu'un bâton d'encens, et il y a dans cette petite chambre d'hôpital un recueillement comparable à celui qui vous saisit à l'entrée de certaines chapelles romanes.

Tout imprégnée de la paix très particulière que j'éprouve chaque fois que j'ai médité auprès d'une personne qui vient de mourir, je me dirige vers la chambre de Dominique. Celle-ci semble dormir mais elle a déjà ouvert un œil en me sentant approcher. Un immense sourire m'accueille.

« Cela a fait du chemin en moi, notre conversation d'hier. Bien sûr, je n'ai pas pris congé de tout le monde, puisque mes placards sont pleins de brouilles anciennes, commence-t-elle d'une voix un peu rauque, il y a notamment une sœur que je n'ai pas revue depuis trente ans. Non, je ne désire par la revoir, mais je voudrais pouvoir lui dire que je lui ai pardonné. »

Nous cherchons ensemble comment régler cet ultime souci. Dominique opte finalement pour une lettre que je lui propose d'écrire sous sa dictée. Alors, cherchant les mots les plus justes, elle peaufine sa lettre qu'elle souhaite sobre et pudique : « Chère Léa, ma vie touche à sa fin. Avant de partir j'aimerais que tu saches que je n'ai plus aucune rancune à ton égard. Je pars en paix et souhaite que tu le sois aussi. Je t'en prie, ne cherche pas à me voir, les choses sont bien ainsi. »

La porte de la chambre de Patricia est ouverte. M'apercevant dans le couloir, elle me fait signe d'entrer. Il y a à peine une heure je me trouvais dans une atmosphère de chapelle, dans une chambre voisine, je me retrouve maintenant aux Seychelles. La chambre est tapissée de photos des îles. Tables et chaises croulent sous les fleurs exotiques et les paniers de fruits. Patricia est plus belle et rayonnante que jamais, avec cependant au fond des yeux une lueur de détresse. Elle sait, nous savons, que ce n'est pas là la chambre d'une convalescente et, s'il est important que la chambre soit gaie et vivante, elle n'en oublie pas moins que le mal progresse à l'intérieur de son beau corps de femme. La voilà blottie dans mes bras, car elle a une façon simple et spontanée d'établir le contact avec les autres et de venir chercher l'immense tendresse dont elle a besoin. Nous restons un bon moment ainsi, puis elle se dégage avec le naturel des enfants qui viennent de faire un câlin. Elle cherche maintenant dans le tiroir de sa table de nuit une cassette de chants religieux qu'elle veut me faire écouter. C'est, me dit-elle, ce qu'elle écoute quand elle a le cafard. Cela l'apaise. En effet, ainsi que je le découvre, elle ne se contente pas d'écouter ces chants, elle les accompagne en fredonnant d'une assez jolie voix.

En sortant de la chambre, je croise Pierre, son mari. « Vous aviez raison, me dit-il, je pensais qu'elle était trop enfant pour supporter la réalité, je la découvre forte. C'est elle qui me remonte le moral, vous vous rendez compte ! » Il a des larmes plein les yeux qu'il essuie maladroitement avant de reprendre son chemin vers la chambre, le dos un peu voûté d'avoir tant porté ces derniers mois.

L'hôpital Notre-Dame-du-Bon-Secours vient d'inaugurer un petit service de dix lits, intitulé

« unité de soins sida », destiné à accueillir et à soigner les personnes atteintes par le VIH. C'est une belle femme pleine de dynamisme qui en est responsable. Particulièrement sensible à l'exclusion des plus défavorisés, Tristane a toujours cherché à faire une médecine humaine et s'est promis de contribuer à l'humanisation de l'hôpital. Aussi, lorsque son chef de service lui a confié ces dix lits, elle a bâti un projet qui mériterait de servir d'exemple. Avec une équipe d'infirmiers et d'aides-soignants volontaires et motivés, ayant suivi une formation préalable, elle a dressé les grandes orientations du service : allier la compétence technique avec la compétence humaine, soigner une personne avant de soigner un symptôme et accompagner les malades jusqu'au bout, dans le respect de leur dignité. Très vite les premiers malades accueillis ont compris l'esprit qui anime ce petit service hospitalier, où les infirmières les appellent par leur prénom, où les médecins prennent le temps de s'asseoir à leur chevet pour leur expliquer les traitements et les protocoles, mais aussi pour entendre leurs questions, leurs doutes, leur désespoir. Un service où ils ne se sentent pas un numéro parmi d'autres, mais tout simplement quelqu'un. Un service dans lequel on a conscience que c'est une vie tout entière qui se trouve emprisonnée dans une chambre et pas seulement un corps malade. On sous-estime généralement dans les hôpitaux cette dimension si importante pour des personnes qui savent qu'elles vont peut-être fréquenter régulièrement, des années durant, un service hospitalier.

Au bout de quelques mois, sentant le besoin d'adjoindre à l'équipe un psychologue pour écouter les malades ainsi que les soignants, Tristane, à qui une amitié de longue date me liait, m'a demandé de venir la rejoindre. Elle connaissait aussi mon expérience dans les soins palliatifs et souhaitait que son équipe puisse aussi assumer cette tâche d'accompagnement.

C'est ainsi que je m'y rends maintenant trois fois par semaine.

Dans une petite chambre du rez-de-chaussée donnant sur de grands arbres, Patrick m'attend. Il est jeune, comme presque tous nos malades du sida. Son ami est mort il y a deux ans, du même mal. Maintenant c'est lui qui est atteint. Il est arrivé il y a quelques semaines, dans un état physique pitoyable, amaigri, faible, avec ce cancer de la peau qu'on appelle Kaposi, qui lui recouvre les deux jambes. Cela fait un an qu'il n'a eu recours à aucun soin, s'étant enfermé chez lui, dans un repli sur soi total.

« C'est comme si je m'étais abandonné moi-même, dit-il en évoquant cette période. Je me suis regardé me dégrader, comme si cela arrivait à quelqu'un d'autre. J'avais l'impression d'être dédoublé. Ces jambes que je voyais, ce n'étaient pas les miennes. Je regardais mon Kaposi sans aucun sentiment. »

Patrick étant quelqu'un de très solitaire, sa famille ne s'est pas inquiétée de ce silence. Il y avait déjà eu de longues périodes pendant lesquelles il ne donnait pas signe de vie. « Un jour j'ai décidé de partir dans un hôtel en Bretagne. J'ai pris une chambre avec vue sur la mer. Là, j'ai pris peur : je me sentais coupé du monde, j'ai appelé ma famille et je leur ai dit que j'étais séropositif. Je ne peux pas employer le nom de ma maladie, ce mot, pour moi, c'est un mot, mais c'est un mot qui me fait peur, parce que c'est la mort. Non ! je ne peux pas prononcer ce mot. »

Maintenant, il se sent davantage dans la réalité, les infirmières prennent soin de ses jambes. Les pansements sont très douloureux, mais il accepte de se faire soigner. Il n'a plus cette sensation d'étrangeté. Curieusement, le fait qu'on prenne soin de son corps lui libère l'esprit. Il pense beaucoup à son avenir – que sera-t-il ? –, à sa famille qu'il voit d'une façon toute nouvelle, et dont il découvre avec étonnement l'amour et la solidarité. Non qu'il n'y en ait pas eu jusque-là, mais il n'était pas là pour les recevoir, se protégeant de tout contact, préservant son intimité et ses choix de vie et d'amour. Il découvre à la faveur de sa maladie le plaisir qu'on s'occupe de lui. Comme il va mieux à tous points de vue, on envisage un retour chez lui avec une hospitalisation à domicile.

« Bonjour, Patrick, alors j'apprends que vous allez bientôt rentrer chez vous ! »

Je me suis assise au bord du lit, et Patrick a pris ma main entre les siennes. Je regarde son visage fin aux traits réguliers, dont le regard si franc m'a touchée dès la première rencontre. Patrick est exceptionnellement beau. J'imagine quel rôle cette beauté a dû jouer dans sa vie. Il dit avoir toujours été sensible lui aussi à la beauté des êtres et des choses. Cela l'a conduit à l'art. Il est créateur de bijoux contemporains, qu'il dessine lui-même, et son plaisir a toujours été de courir les expositions. Comme on comprend que l'image de sa lente dégradation physique ait été pour lui insupportable ! Je mesure tout ce qu'il lui faut surmonter désormais – cette horrible croûte qui envahit ses jambes peu à peu et le dégoûte de lui-même – pour malgré tout envisager un sens à son avenir.

« Tu sais, dès mon retour, je me remets à la création des bijoux. J'ai la chance inouïe d'avoir reçu une proposition de collaboration d'un couple adorable. Je dessinerai les bijoux, et ils se chargeront de les faire réaliser et de les vendre. J'ai l'impression qu'une vie nouvelle s'ouvre devant moi. »

Comment ne pas être bouleversé par tant de force morale ?

Une infirmière est entrée doucement, avec son chariot chargé de gaze et de coton. Il faut maintenant refaire les pansements sur les jambes tuméfiées de Patrick. Celui-ci me supplie de rester près de lui :

« Comme ça, tu comprends, je ne pense pas à mes jambes. C'est affreux de les voir, cela me fait encore plus mal. »

« Bien sûr, je reste avec toi », lui dis-je en me rapprochant de lui.

Spontanément il se blottit dans mes bras, et je le berce doucement. De son côté, l'infirmière a dégagé avec toute la délicatesse possible les bandes et les compresses souillées. J'aperçois alors les jambes qui ont doublé de volume, presque entièrement recouvertes de pustules violettes ou noires, formant par endroits une sorte de croûte épaisse. La tumeur gagne chaque jour davantage, et atteindra bientôt les parties génitales. Mon cœur se serre devant tant de souffrance, et contre moi je berce doucement Patrick, si jeune, si beau, comme je le ferais pour un enfant blessé.

« Si à chaque renouvellement de pansements, je pouvais me faire câliner comme cela, ce serait le rêve. Tu es douce, tu sens bon, et j'oublie tout. »

Je réalise alors que les jambes de Patrick dégagent une odeur âcre, presque une odeur de putréfaction. L'infirmière poursuit sans se presser, avec minutie, le changement de compresses. Elle ne semble pas gênée par l'odeur, ni par l'horreur de cette chair pourrissante. Elle poursuit sa tâche, calme et concentrée, avec de temps à autre une parole réconfortante :

« Comme vous êtes calme aujourd'hui, c'est un plaisir de s'occuper de vous. »

Elle parle sincèrement, car, comme toutes ses collègues, elle a appris à dépasser un certain malaise à la vue du sang, des blessures, ou des mutilations diverses, mais il ne s'agit pas non plus d'indifférence. Je sens bien, dans son cas, qu'elle est portée par le désir de bien faire ce qu'elle a à faire et qu'elle travaille avec un cœur ouvert. Ce ne sont pas des jambes qu'elle soigne, c'est une personne. En l'occurrence Patrick, qu'elle a appris à connaître un peu et auquel elle pense parfois en dehors de l'hôpital. Il a son âge, et c'est avec curiosité et tendresse qu'elle le regarde évoluer. Elle a exprimé l'autre jour, au cours d'une des réunions d'équipe, combien elle changeait elle-même au contact de ce malade.

Le pansement est maintenant refait. Patrick est soulagé car, après la douleur des soins, il y a toujours une merveilleuse sensation de bien-être. L'infirmière et moi nous l'installons confortablement dans son lit, avec des arceaux au-dessus des jambes qui évitent ainsi le poids des draps. Elle ouvre quelques instants la fenêtre, puis allume un bâton d'encens, une jolie manière de chasser les dernières odeurs désagréables.

« Demain, lui rappelle-t-elle, le kiné viendra vous faire marcher un peu. Il faut que vous appreniez à vous déplacer avec vos béquilles. »

Avant de partir, elle l'embrasse chaleureusement sur la joue. C'est précisément cette relation affective, que les soignants savent établir avec leurs malades, qui donne à un petit service comme celui-là sa dimension humaine.

Après avoir quitté Patrick à mon tour, lui promettant de venir le voir chez lui, dès qu'il serait rentré, je retourne à l'hôpital de la Cité universitaire, pour la réunion que je tiens avec les soignants, tous les quinze jours, sur le thème de « la présence aux besoins affectifs des malades ».

J'ai institué ce type de réunion dans le service, après avoir suivi moi-même une formation approfondie à l'haptonomie[1] (approche tactile affective) qui ouvre incontestablement les chemins d'une manière d'être plus humaine. Sous la direction de son fondateur, Frans Veldman, on développe, on mûrit ses propres facultés humaines de contact, on apprend si je puis dire à « oser » rencontrer un autre humain en le touchant. Il peut peut-être sembler dérisoire de passer par une formation pour développer une telle faculté. Malheureusement, le monde dans lequel nous avons tous grandi et continuons à évoluer est un monde qui ne favorise pas le contact spontané affectif entre humains. On touche bien sûr les autres, mais alors c'est dans une intention érotique. Ou bien dans un contexte objectivant, comme dans le monde médical, où ce sont le plus souvent des « corps-objets » que l'on manipule. On oublie ce que peut ressentir la « personne ».

Il n'est donc par superflu de sensibiliser des professionnels de la santé à cette dimension de la rencontre humaine qui inclut la rencontre tactile. De les aider à prendre conscience de ce qui est en jeu chaque fois qu'on touche quelqu'un, ou que l'on

1. Ce concept forgé par Frans Veldman vient du grec *hapto,* qui signifie « toucher, prendre contact, entrer en relation », et de *nomos* qui désigne les règles présidant à la rencontre tactile.

est touché par lui. Soigne-t-on un pied, une jambe, un poumon, un sein, comme un objet partiel, objet des soins, objet d'intérêt médical, ou soigne-t-on une personne qui souffre en tel ou tel point de son corps et exprime par sa manière d'être la façon dont elle ressent cette souffrance ?

On n'attire pas assez l'attention des soignants sur la mimique des patients, sur le langage de leur « corporalité », on ne les aide pas à être davantage présents à l'autre, dans les soins. On sait à quel point la qualité d'une présence et la finesse d'une attention peuvent changer la manière dont n'importe quel soin ou intervention médicale, même les plus agressifs, sont perçus par les malades. Un bénédictin de Solesmes m'écrivait récemment combien, malade, il avait été sensible à la qualité du toucher des infirmières. Il pouvait reconnaître chacune d'entre elles à son tact, et certaines le laissaient entier, après les soins, tandis que d'autres le laissaient morcelé !

Dans un service de soins palliatifs, le sens du contact fait partie des valeurs de soin. Aussi comprend-on qu'à ma suite plusieurs personnes du service se soient engagées elles aussi dans cette formation. C'est pour assurer en quelque sorte un suivi et un partage avec les autres que j'ai proposé cette réunion bimensuelle.

Cet après-midi, les soignants veulent chercher ensemble comment transformer en gestes de cœur des gestes agressants. Bien qu'en soins palliatifs on les réduise au strict nécessaire, puisque l'objectif est de privilégier la qualité du temps qui reste à vivre, plutôt que sa durée, il n'en demeure pas moins que certains gestes restent inévitables. Au-delà d'un désagrément passager, on sait qu'ils sont destinés à apporter un réel confort au malade. On pense aux mobilisations de patients grabataires, ou paralysés, aux poses de sondes nasales ou urinaires, aux aspirations des gorges encombrées de ceux qui n'ont plus la force de cracher, aux touchers rectaux de malades constipés. Bref, tous ces gestes sont pour les soignants qui doivent les pratiquer de véritables tortures quand il s'agit de les imposer à des malades mourants et affaiblis, n'aspirant plus qu'à une chose, la paix. On comprend qu'ils veuillent chercher la manière de faire la plus humaine et la plus respectueuse possible.

En arrivant, je raconte à l'équipe le moment que je viens de passer avec Patrick. Il s'agit justement d'une intervention vécue comme particulièrement douloureuse et agressante. Patrick a cherché spontanément le contact et la sécurité de mes bras, et de mon côté je me suis faite présente à lui, mais aussi à l'infirmière qui assumait une tâche aussi ardue. Un calme profond s'est installé dans cette chambre, au lieu des tensions qu'entraîne habituellement la rencontre des peurs, peur du malade de souffrir, peur du soignant de faire mal. L'équipe peut-elle s'organiser pour que deux personnes viennent ensemble faire un soin qui risque d'être douloureux ? L'une peut alors offrir simplement sa présence, chaude et attentive, tandis que l'autre, présente elle aussi à la personne, peut effectuer le soin nécessaire avec toute la compétence voulue. Quand trois personnes se trouvent ainsi réunies, avec le désir de s'appuyer sur la présence des deux autres pour faire face à un moment difficile, il se crée un « être ensemble » aux effets proprement miraculeux. Des aides-soignantes présentes confirment mon propos : oui, quand elles viennent à deux faire une toilette délicate à une personne qui n'a plus la force de bouger dans son lit, elles sentent combien le fait d'être présente l'une à l'autre et d'intégrer le malade dans cette présence crée un contact tout différent. Les gestes qu'elles effectuent avec douceur pour soulever une jambe et tourner un malade sur le côté se synchronisent d'eux-mêmes et s'enchaînent sans à-coups, sans heurts. Quand l'une nettoie une escarre, l'autre accueille dans ses bras le corps affaibli et reste là sans rien faire d'autre que le bercer doucement, comme je le faisais tout à l'heure avec Patrick.

Maintenant, chacun des soignants s'allonge tour à tour sur le lit de la chambre vide dans laquelle nous nous sommes réunis. Il s'agit d'éprouver pour soi-même, de sentir le *bon* d'un contact proche qui s'offre, sans rien vouloir ni exiger. Que ressent-on, quand on est couché sur le côté et qu'on peut reposer sa tête sur une épaule accueillante ? quand la personne qui se contente d'être là offre sa présence silencieuse ? Même si aucun des soignants n'est malade, il leur est aisé de percevoir le bien-être et la sécurité d'un tel contact.

On comprendra qu'après une telle réunion, après les échanges qu'elle a permis, les prises de conscience qu'elle a suscitées, les soignants ne puissent plus approcher les malades de la même façon. C'est ainsi que des gestes, qui le plus souvent sont vécus comme blessants ou humiliants, deviennent ici empreints de tendresse et de respect. L'occasion d'une rencontre.

J'ai croisé ce matin le Dr Clément. Il aimerait bien que j'aille voir les deux malades, qui l'un et l'autre demandent que l'on abrège leurs jours. Il leur a assuré qu'en aucun cas il ne ferait d'acharnement thérapeutique et que les traitements qu'il leur donne consistent seulement à les empêcher de souffrir. Cependant la demande persiste, et il lui semble qu'elle exprime une souffrance d'un autre ordre, psychologique ou affectif. Il compte sur moi pour l'aider à comprendre de quoi il s'agit.

Marie-France est justement assise dans son fauteuil, près de son lit, seule. J'entre et m'installe sur l'appui-pieds qui sert aussi de siège bas. En entrant, je me suis présentée à cette femme dont la moitié du visage est caché par un important pansement. Elle a légèrement détourné la tête, montrant combien elle redoute tout nouveau regard sur elle :

« C'est gentil de rendre visite à un monstre comme moi ! Je suis venue terminer mes jours ici, je ne désire plus qu'une chose : mourir ! et le plus vite possible. »

« Je suis venue faire votre connaissance, je suis heureuse de voir que votre capacité de communiquer est intacte, il nous sera donc possible de parler ensemble. »

Je la sens touchée, car je viens de lui faire remarquer qu'elle dispose toujours du moyen de me dire qui elle est. Je viens de lui confirmer que son identité profonde est intacte, même si son visage, c'est vrai, n'a plus forme humaine.

« Oh ! je ne suis plus très intéressante ! » continue-t-elle d'une voix lasse.

« Permettez-moi d'en douter. En tout cas, si vous l'acceptez, je viendrai parler avec vous. Je sens déjà que vous avez vécu une vie intéressante et je m'y intéresse. Voyez-vous, ici, nous ne soignons pas des corps, nous soignons des personnes avec toute une histoire derrière elles et nous aimons bien savoir à qui nous avons à faire », lui dis-je.

« Je l'ai remarqué, dès mon arrivée, cela fait du bien de ne pas se sentir un numéro parmi d'autres. Mais voyez-vous, aussi bien accueillie que je le suis, je n'en désire pas moins mourir le plus vite possible », dit-elle en guettant ma réaction.

« Je peux le comprendre », dis-je.

« Mais le médecin ne veut pas entendre cela, il me dit qu'il faut attendre que la mort vienne à son heure. Je ne vais tout de même pas attendre des années ! »

« Croyez-vous vraiment, lui dis-je en lui prenant les mains et en la regardant pour la première fois droit dans son seul œil visible, un œil intelligent et pétillant, croyez-vous vraiment que cela peut durer des années ? N'avez-vous pas constaté à quelle allure la maladie progresse ? Pourquoi resteriez-vous en vie si vous avez le sentiment que votre vie est finie ? »

Marie-France me serre les mains très fort, et cette émotion partagée dans le silence nous rapproche. Je sais pour l'avoir vécu si souvent que les malades ont besoin d'exprimer leur désir de mourir et de partager avec quelqu'un l'émotion que suscite en eux l'accueil de ce désir. Mais qu'on ne s'y trompe pas, accueillir le vœu de mort d'une personne ne veut pas dire qu'on s'engage à l'exécuter. C'est sans doute parce que les médecins craignent qu'un tel accueil ne les engage dans un acte qu'ils ne se reconnaissent pas le droit de faire qu'ils vont jusqu'à repousser l'idée même qu'on puisse désirer mourir. Avec Marie-France, je vérifie une fois de plus que ce qu'elle demande est de pouvoir dire son désir et être entendue. Mais être entendue ne veut pas dire être obéie !

D'ailleurs, maintenant qu'elle a pu exprimer sa lassitude à vivre, elle semble plus apaisée. Je la quitte en lui proposant de revenir bientôt la voir, ce qu'elle accepte spontanément.

En quittant l'hôpital, ce soir-là, je songe à tous ces hommes et femmes que je rencontre tous les jours et qui sont blessés dans leur intégrité physique. Je pense à Patrick, je pense à Marie-France et à tant d'autres encore qui ont tenté de vivre et d'exister, malgré leurs mutilations. Ces changements font souvent d'eux des étrangers aux yeux de ceux qui, ne reconnaissant plus les points de repère familiers, préfèrent prendre la fuite. Toujours les mêmes questions reviennent : « Jusqu'où cela va-t-il aller ? Suis-je encore aimable ? » Je pense à la responsabilité que nous avons en tant que témoins de ces dégradations physiques. Nous pouvons d'un regard, d'un geste, confirmer l'autre dans la permanence de son identité ou au contraire lui confirmer qu'il n'est plus en effet qu'une chose un peu dégoûtante, une sorte de reste dont on songe à se débarrasser !

« C'est le regard de l'autre qui me constitue », disait Lacan. Cela n'a jamais été aussi vrai qu'avec ceux qui souffrent d'une atteinte de l'image de soi. Je sais pour l'avoir constaté qu'on peut finir par oublier que l'on a un corps dégradé, parce que l'on est soi, parce que les autres posent encore sur vous un regard plein de tendresse et ne soulignent pas votre déficience corporelle.

Il n'y a pas longtemps, un ami qui a des responsabilités à la tête d'une association de lutte contre le sida me racontait ceci : son compagnon allait vers la fin et mourait dans un état de détérioration difficilement imaginable. Lors de chacune de ses visites, il avait éprouvé le besoin de trouver un détail du corps de cet être aimé, un détail qu'il puisse contempler avec gratitude, presque avec joie, comme il l'avait fait avant que la maladie n'ait commencé ses ravages. Un jour c'était la courbure de son nez, si fine, un autre, l'élégance des cils, ou la couleur chaude et profonde de son iris. Il cherchait de toute évidence, selon le modèle de l'hologramme, à trouver dans une infime partie du corps aimé la totalité, l'intégrité de ce qui avait été la marque particulière de cet homme : sa beauté. Ce témoignage, je l'avoue, m'a souvent aidée, moi-même, lorsque je me suis trouvée au chevet de personnes abîmées. Il reste en effet toujours quelque chose de beau, ne serait-ce que la couleur des yeux.

Avant de rentrer chez moi, j'ai rendez-vous à la Promenade de Vénus, avec Louis. C'est devenu un rituel auquel nous tenons beaucoup lui et moi, ce rendez-vous hebdomadaire dans cette brasserie des Halles. Louis est un homme d'une quarantaine d'années, auquel me lie une forte amitié. Atteint du sida depuis plusieurs années, il lutte ferme pour survivre, sans dénier pour autant la probabilité de sa mort, conscient que sa faible immunité le met à la merci du premier virus venu. Sachant ma passion très jungienne pour les rêves, qui, loin d'être seulement le réservoir du refoulé, nous parlent de cette sagesse profonde qui habite tout homme, il a pris l'habitude de venir me raconter les siens. Une façon comme une autre de se mettre à l'écoute des profondeurs et d'inviter un autre à venir écouter ce qui s'y dit.

Nous avons décidé de nous voir dans ce bistrot depuis qu'une atteinte pulmonaire a fortement diminué sa capacité respiratoire. Monter les quatre étages de mon immeuble, pour arriver chez moi, était devenu une épreuve. Louis arrive en taxi, généralement un peu à l'avance. Installé sur la banquette en velours rouge foncé, dans l'une des petites alcôves de la salle, il m'attend, sa frêle silhouette un peu tassée, toujours élégamment vêtu, même les jours de grande fatigue. On sent qu'il a dû être très beau, même si la maigreur et l'allure générale – les gestes lents, la démarche incertaine – évoquent une sorte de vieillesse prématurée. De loin, je suis toujours saisie par la vivacité de son regard et la grande dignité de son maintien.

« Ma chère Marie ! Je suis si content de te voir ! »

Face à lui, je garde un long moment ses mains dans les miennes, signe de la force de notre lien. Je l'écoute.

Louis commence toujours par le récit d'un rêve. Ces derniers temps, beaucoup d'entre eux tournaient autour de la mort. Je suis la seule personne, me dit-il, avec qui il peut parler d'elle. Son entourage, extrêmement positif et soutenant, le stimule constamment. Il n'est pas question pour lui d'aborder ses craintes concernant sa mort : personne ne le supporterait, estime-t-il. La dernière fois, Louis a pu me confier ses peurs.

« Je sais que tout cela va sans doute finir assez vite et il y a deux choses qui me préoccupent sérieusement : la peur de traverser des douleurs physiques incontrôlables au moment de mourir et le souci de laisser derrière moi ma Lila. Savoir que je ne serai pas là pour la soutenir et l'aider après ma mort, si jamais elle tombe malade à son tour, me chavire le cœur. »

La douleur de Louis, à la pensée de laisser derrière lui sa jeune femme, me rappelle soudain celle de Saltiel, dans *Les Valeureux* d'Albert Cohen : « Ce flot d'amour avec les larmes, c'est parce que j'ai su que je ne serai pas là pour aider celle qui sera vieille alors, pas là pour l'aider à marcher et lui prendre le bras afin qu'elle ne tombe pas, pas là pour être son soutien, dernier bonheur qui est interdit. Que fera-t-elle alors sans moi ?... Qui la protégera ? »

La douleur de Louis me touche infiniment. Sans prétendre pouvoir l'atténuer, je veux cependant le rassurer sur deux points :

« Je peux m'engager à t'aider. En ce qui concerne la douleur, je connais suffisamment le milieu des soins palliatifs pour t'assurer que si tu souffres nous ferons le nécessaire. Tu sais qu'actuellement les traitements antalgiques bien conduits réduisent les douleurs dans quatre-vingt-quinze pour cent des cas. Pour ce qui est de Lila, tu sais combien elle sera entourée par sa famille et ses amis. Et je crois qu'il ne faut pas sous-estimer sa propre force intérieure. Tu peux compter en tout cas sur moi, je ferai tout mon possible pour l'aider. »

Louis a semblé si soulagé d'avoir pu aborder ses peurs que j'en suis profondément émue.

« Il me reste maintenant à vivre le temps que Dieu me laisse, avec confiance. Je pourrais déjà être mort depuis un an, je le sais, je ne suis en vie que par Sa grâce ! »

Aujourd'hui Louis me semble tout ragaillardi, je dirai même plein d'une énergie nouvelle. Lui faisant part de mon impression, il confirme qu'il se sent en pleine forme :

« Tu ne peux pas savoir le bien que m'a fait notre conversation de la dernière fois ! J'ai un poids en moins. Et je me sens plein d'énergie. J'ai décidé de commencer un roman, c'est un vieux projet, il est temps que je le réalise. Mais avant tout, dit-il, en tirant un bout de papier de sa veste tyrolienne sur lequel il a griffonné son rêve de la nuit ; voilà ma production nocturne ! Je me retrouve dans un film de Fellini : *E la nave va*, je suis l'un des personnages du film et je regarde mes jambes. À mon grand étonnement, je vois deux paires de jambes, l'une ressemble à mes jambes actuelles, très maigres. Ces jambes semblent en voie de décomposition, l'autre paire, au contraire, est toute jeune, avec une peau fine et douce, on dirait des jambes qui viennent de naître ! Quel rêve étrange ! »

Comme toujours j'invite Louis à me dire ce que le rêve lui inspire. Il s'étonne d'abord de se retrouver comme personnage d'un film de Fellini, mais il reconnaît avec humour que le film est bien choisi : « *la nave va* », « le bateau s'en va », bien sûr, n'est-ce pas une métaphore de la mort ? Je confirme qu'en effet le départ en bateau est un des symboles que l'on retrouve dans les rêves des personnes proches de la mort. Ce rêve lui parle donc de sa mort. Mais la suite est tout à fait intrigante : deux paires de jambes !

« Là vraiment je cale, est-ce qu'il est en train de me pousser une deuxième paire de jambes, comme il pousse des ailes aux anges ? » ajoute-t-il avec humour.

« Tu ne crois pas si bien dire, mon cher Louis, sais-tu à quoi cette image de ton rêve me fait penser ? À cette phrase de l'apôtre Paul : "Tandis que notre homme extérieur s'en va en ruine, notre homme intérieur se renouvelle de jour en jour."

Louis reçoit dans un long silence pensif cette parole provocante mais pleine d'espérance.

« Il faut absolument que je te passe le texte de Maurice Zundel sur l'expérience de la mort, lui dis-je, il y a un passage remarquable dans lequel Zundel va très loin. Rien ne prouve, dit-il, que notre corps, s'il est vraiment humanisé, ne puisse subsister sous un aspect d'ailleurs impossible à imaginer, pour vivre non pas dans la dépendance de ce monde, mais dans une entière libération de lui. Au fond, il fait allusion à une sorte de transformation de notre corps biologique en corps subtil ou corps de gloire. Mais ce corps, nous dit-il, l'homme se doit de le créer de son vivant. Il parle de promotion humaine à réaliser : cesser de vivre comme si nous étions des « grumeaux cosmiques », dépendants de l'univers physico-chimique, devenir des sujets, corps et âme. C'est passionnant, la prochaine fois je te l'apporte. »

« Par moments, je me sens tellement libre, tu sais. Alors que mon corps me limite de toutes parts ! Je crois que je n'ai jamais osé être autant moi-même : je dis tout ce que je pense avec une liberté intérieure que je ne connaissais pas avant. »

Sa vie, Louis la décrit comme détachée de lui et prodigue d'elle-même. Insouciant depuis peu de ses lendemains, il lui importe avant tout d'en savourer chaque instant et de rendre grâce. J'ai toujours pensé que la vraie liberté était cet acquiescement intérieur au déroulement des choses, mais entendre Louis me le dire de cette façon me bouleverse.

Nous nous quittons bientôt, non sans nous réjouir de nous retrouver dans quelques jours, pour notre « soirée prière ». En effet, depuis quelques années, nous sommes un petit groupe d'amis à nous retrouver tous les quinze jours pour prier et chanter ensemble. Soirée amicale d'abord, mais qui, ce soir-là, s'organise autour d'un moment de prière en commun. Il nous a paru important, dans un monde si déspiritualisé, de réintroduire ce rituel de la prière collective : une poignée d'humains réunis au nom de ce qui les fonde, le réel ultime, présent en chacun, ici et maintenant. Une façon d'être ensemble autour de ceux qui souffrent et dont nous évoquons les noms afin de les accueillir dans la profondeur de notre pensée. Depuis quelques mois Louis et sa femme, puis petit à petit d'autres personnes malades ou simplement en quête de soutien spirituel nous ont rejoints.

Ce matin, j'ai appris en croisant Hélène, une infirmière effacée et discrète, que Dominique avait reçu la visite de sa sœur. Cette dernière n'a donc pas respecté la volonté exprimée dans la lettre : « Ne viens pas me voir ! » Au fond, cela ne m'étonne pas. Léa n'attendait sans doute que ce signe pour se réconcilier avec sa sœur. Elle a dû se précipiter à l'hôpital dès qu'elle l'a reçu.

« Sais-tu si la rencontre s'est bien passée ? » demandé-je.

« Non, je sais seulement qu'elle a parlé à une bénévole toute la nuit, et ce matin elle est très faible. »

Les stores sont baissés dans sa chambre, ce qui signifie que Dominique dort encore. Voilà un de ces petits détails qui font de ce service un lieu particulièrement humain : on ne réveille pas les malades, sous prétexte qu'il est sept heures du matin ! On les laisse émerger de la nuit à leur rythme.

Je viens doucement m'asseoir à son chevet, tandis qu'elle dort. J'ai appris auprès des mourants à veiller silencieusement ceux qui dorment, ceux qui sont dans le coma, et j'ai découvert le plaisir qu'il y a à rester là sans rien faire, simplement présente, en éveil, attentive, comme ces mères qui veillent leurs petits endormis. Le psychanalyste W.F. Bion emploie une jolie expression pour qualifier cette sorte d'accompagnement qui, selon lui, a d'importants effets d'apaisement, notamment sur l'angoisse : il parle de « rêverie maternante ». Il n'est pas donné à tout le monde de pouvoir assumer ainsi un certain flou de son être, d'entrer en résonance affective spontanée et immédiate avec autrui. Beaucoup de ceux que j'ai rencontrés au chevet des mourants se sentent inutiles et mal à l'aise dans une telle situation : simplement être là, sans rien faire. Certains soignants de l'unité ont appris que cela aussi fait partie des soins ! Mais quelle remise en question ! Quand on a appris à être efficace et performant, à faire vingt toilettes dans la matinée, une injection en cinq minutes, il faut beaucoup de courage personnel pour assumer de passer du temps à ne rien faire auprès d'un mourant. Combien de fois reproche-t-on aux infirmières de perdre leur temps, si, suivant le mouvement de leur cœur, elles consacrent en effet un peu de leur seule présence aux malades ?

Dominique a légèrement soulevé les paupières et m'a aperçue.

«Je vais bientôt mourir, Marie, je voudrais vous remercier de l'aide que vous m'avez apportée.» Sa voix est à peine audible, tant elle est faible. «Tout est bien, maintenant, je suis en paix.» Une larme coule sur sa joue droite. Je me sens toute remuée et dépose sur le dos de sa main un baiser qui contient, me semble-t-il, toute l'estime que j'ai pour elle, toute la joie tenue secrète de la voir enfin partir sereinement.

C'est Marcelle que je vais voir maintenant. Je sais seulement depuis la scène à laquelle j'ai assisté l'autre jour qu'elle a revu tous ses enfants et qu'elle coule des jours calmes. Il n'a plus jamais été question de confusion mentale.

Les cheveux blancs bien tirés en un chignon sur le sommet du crâne, assise bien droite contre ses oreillers, elle m'accueille comme une douairière régnant sur l'univers blanc et propre de son lit. Elle me raconte la cérémonie des adieux, tous les enfants et petits-enfants rassemblés dans la chambre, les recommandations aux uns, le récit de la mort de son cher Maurice, quelques années avant, qu'elle a voulu confier à ses enfants pour qu'ils se souviennent et qu'ils sachent que lui aussi était mort courageusement. Elle me raconte encore comment les plus petits sont venus s'asseoir sur le lit, la toucher, la câliner. Le petit Paul, qui a huit ans, est venu mettre ses bras autour de son cou, et lui a dit : « Dis, mémé, je ne te verrai plus, quand tu seras partie ? »

Alors, devant toute la famille rassemblée, elle a dit : « La mort c'est comme un bateau qui s'éloigne vers l'horizon. Il y a un moment où il disparaît. Mais ce n'est pas parce qu'on ne le voit plus qu'il n'existe plus. » Peut-il y avoir manière plus simple et plus belle de dire la mort à un enfant ?

Dans la chambre à côté, une jeune femme ne cesse de sonner toutes les cinq minutes. J'ai déjà perçu un certain agacement chez les infirmières et les aides-soignantes. Depuis le matin, elles se trouvent dérangées par ces appels continuels, pour des motifs sans importance, un verre d'eau, un léger changement de position de l'oreiller. Elles ont beau être disponibles et d'une bonne volonté rare, il arrive un moment de saturation. Sentant qu'il s'agit là d'une manifestation d'angoisse à laquelle elle ne sait plus comment répondre, Simone, l'aide-soignante, m'agrippe alors que je passe dans le couloir et me demande de l'aide.

La jeune femme s'appelle Charlotte. Elle a une trentaine d'années et paraît déjà si prématurément vieillie ! Extrêmement maigre, le visage creusé, elle fixe sur moi de grands yeux bordés de cernes noirs, pleins d'angoisse. Elle a les cheveux très courts comme toutes ces femmes qui ont subi des chimiothérapies et se sont retrouvées chauves en quelques semaines. Elle souffre d'un cancer du sein, avec des métastases osseuses très douloureuses. Infirmière de métier, elle sait tout sur sa maladie. C'est précisément ce qui l'angoisse, me dit-elle. Elle sait qu'elle va mourir et ne peut s'empêcher de penser à tous ces patients qu'elle a soignés pendant des années dans un service de cancérologie et qui sont morts dans des souffrances atroces. Elle a choisi elle-même de venir mourir dans une unité de soins palliatifs, mais elle doute qu'on puisse la soulager. Elle va de moins en moins bien, elle ne quitte plus son lit, et son corps est si amaigri qu'elle en a honte. En me parlant, elle ne cesse de bouger et tente par trois fois de sonner l'infirmière. Je lui demande de ne pas le faire pendant que je suis là. J'ai dit cela avec une certaine fermeté qui, semble-t-il, l'a rassurée. Je sens qu'elle a besoin d'être contenue. Je la sens méfiante.

« Oui, dit-elle, je n'ai pas confiance. Je suis sans cesse sur le qui-vive. »

« Sans doute vous faut-il quelques jours pour sentir que vous pouvez nous faire confiance et vous détendre. J'ai un bon moment à vous consacrer. Si vous voulez en profiter pour me parler de vous, je reste là, près de vous. »

L'offre d'une écoute et d'un temps disponible a presque toujours un effet apaisant. Une fois de plus, je le constate. Charlotte ne s'agite plus, elle me parle. De son mari, à côté duquel elle vit depuis dix ans un peu comme une étrangère. « On n'a pas grand-chose à se dire. » De sa fille de neuf ans qu'elle a élevée un peu comme une poupée, d'une amie qui est sa seule confidente. Elle parle sur un ton un peu désabusé. La vie semble l'avoir déçue. « Je suis devenue si moche », continue-t-elle. Cette nuit, elle a rêvé d'un corbeau. « Oui, ça pue la mort, les corbeaux, c'est comme moi ! »

En quittant la chambre, je dirai aux infirmières qu'elle a besoin de se sentir reconnue et aimée. Elle vient de me livrer le secret de son agitation. Aux enfants qui, tout en jouant dans les squares, vont ramasser un oiseau mort par terre, on dira : « Ne touche pas, c'est sale ! » Elle a le sentiment de sentir la mort, elle a peur qu'on la rejette, qu'on la repousse comme une chose un peu sale. Nous devrions pouvoir l'aider à se percevoir autrement, à se sentir acceptée telle qu'elle est.

La porte de la chambre 775 est grande ouverte. Un homme très jeune encore, peut-être a-t-il trente ans à peine, est allongé sur le lit, la tête tendue vers l'entrée de sa chambre, semblant attendre quelqu'un, quelque chose.

Je m'avance. Je sais qu'il s'agit de Paul, celui dont le médecin m'a parlé. Celui qui réclame que l'on hâte sa fin. J'ai du mal à contenir ma surprise. Paul n'a vraiment pas l'air d'être mourant. C'est un grand gaillard costaud, bien en chair. Il ne semble pas avoir souffert physiquement de cette maladie qui ravage tant les corps, d'habitude. Tout juste a-t-il l'air fatigué, las plutôt, avec de grands cernes sous des yeux blasés. Il semble content que je vienne m'asseoir sur le bord de son lit ; il semble s'ennuyer.

« Qui êtes-vous ? » me demande-t-il avec ce ton que l'on retrouve chez presque tous les malades du sida, ce ton qui signifie qu'on veut rester un acteur vigilant et qu'on veut savoir à qui on a affaire, ce ton que j'aime bien parce que j'y discerne une volonté de rester présent, de rester sujet de ce qui se passe.

« Je suis Marie, je suis la psychologue du service. » J'aime bien me présenter d'abord avec mon prénom. Une façon de dire que je suis d'abord une personne avant d'être une technicienne de l'écoute.

Recevoir la visite d'un psychologue est diversement perçu. Parfois le mot fait peur. Il porte dans l'esprit d'un certain nombre de gens la marque de la pathologie mentale, de la folie. Parfois, on imagine que le psychologue lit dans les pensées ou qu'il est là pour aller fouiller dans les secrets de la vie. On s'en méfie. Il m'est arrivé d'être rejetée à cause de ma fonction. Je ne m'en suis jamais attristée outre mesure, je sais qu'il s'agit d'une question de culture. Mais je sais aussi, je l'ai appris au cours de toutes ces années d'écoute, que l'important est d'établir le contact. Un contact de personne à personne. Dès que la confiance est établie, que le courant passe, il est rare que cette occasion offerte de pouvoir parler de soi, de ses peurs, de ses sentiments, ne soit pas accueillie.

Paul, lui, réagit très positivement à ma fonction. Il fait partie d'un milieu intellectuel où l'on prend plaisir à parler de soi. Savoir qu'il y a une psychologue dans le service le rassure. On tiendra donc compte de lui, de ce qu'il pense, de ce qu'il vit.

J'apprends que Paul a décidé lui même de venir dans notre unité de soins palliatifs pour y mourir. Il y a un an, son ami est mort ici même, dans une autre chambre, et c'est lui qui se trouvait près de lui, pour l'accompagner. C'est alors qu'il s'est promis de venir mourir là, lorsque le temps serait venu pour lui. La vie s'en est allée avec son ami. Depuis, me dit-il, la vie n'a plus de sens pour lui. Paul a cessé tout traitement. À la mort de son ami, il a arrêté de prendre de l'AZT. Maintenant, il a des atteintes neurologiques qui l'empêchent de marcher, un cytomégalovirus qui le prive de la vue de son œil gauche, et ses défenses immunitaires sont au plus bas. Il ne souhaite, il le répète, il ne souhaite plus qu'une chose : mourir au plus vite.

J'ai le sentiment, en l'écoutant, que Paul est déprimé, mais certes pas encore mourant. Que puis-je pour lui, sinon écouter sa peine, son désespoir, celle d'un homme qui a décidé il y a un an de ne pas survivre à celui qui était tout pour lui ? Après l'arrêt des traitements, il a décidé de vendre l'entreprise dont il était le patron. Avant d'entrer dans le service de soins palliatifs, il a mis toutes ses affaires en ordre. Il est prêt à partir. Mais son corps peut encore porter un certain temps la vie, la vie qui est là et qui ne s'en va pas. Que lui reste-t-il ? Que fait-il de ses journées ?

Paul me parle alors de ses parents. Ils sont venus de leur province éloignée, auprès de lui. Pour l'accompagner. Ils sont installés chez lui, dans son appartement, et viennent passer tous les après-midi près de lui. « Je ne les supporte plus ! » finit-il par avouer dans un sanglot. Il me semble qu'il vient de me livrer la clé de sa détresse. Je l'encourage à continuer.

« Je n'ai jamais dit à mes parents que j'étais homosexuel. Ils n'ont jamais rien su de ma vie, ils ne savent pas que je vivais avec quelqu'un qui est mort ici l'année dernière. Je n'ai rien à leur dire, depuis longtemps, et voilà qu'ils viennent là tous les jours ; ils s'assoient et me regardent, l'air triste, on ne se dit rien, et les heures passent, lourdes, pénibles, je fais semblant de dormir, je n'en peux plus ! »

« C'est, en effet, insupportable ! » dis-je.

« Vous comprenez, mes parents, j'allais les voir régulièrement, je leur parlais de mon travail, de mon entreprise, ils étaient fiers de moi. Je ne leur ai jamais parlé de ma vie intime, ils n'auraient pas supporté. »

Je mesure, à ses paroles, toute la solitude de cet homme. Au moment de mourir, il ne sait sans doute pas à quel point il aimerait réduire la distance qu'il a contribué à créer entre ses parents et lui, retrouver la confiance des premières années de la vie. Sent-il à quel point il aimerait un vrai rapprochement ? Pouvoir leur dire : « Voilà qui je suis, voilà comment j'ai aimé, comment j'ai souffert », et se sentir accepté, reçu, aimé.

Puis-je l'aider ? Accepte-t-il que je rencontre ses parents ? Souhaite-t-il que je leur parle ? « Oui, répond-il, essayez de tâter le terrain à propos de mon homosexualité, j'aimerais savoir comment mon père réagit, j'ai très peur de sa réaction. Mais surtout venez m'en parler après ! »

Ce n'est pas la première fois qu'on me demande ainsi de jouer les médiatrices. Quand il s'agit d'œuvrer à plus de compréhension entre les gens, de débloquer les voies de la communication, je me prête volontiers à cette fonction. Je promets donc à Paul de rencontrer ses parents, et de revenir le voir ensuite.

À peine sortie de sa chambre, je croise un couple qui avance timidement, visiblement impressionné par les plantes vertes et les reproductions accrochées dans les alcôves éclairées qui jalonnent le parcours du vaste couloir, sur lequel donnent les douze chambres du service. « Que c'est beau ! » me lance l'homme petit et rougeaud, avec des yeux perçants, avant de s'arrêter devant la chambre de Paul. Je devine alors qu'il s'agit de ses parents.

Nous sommes maintenant assis tous les trois dans un des petits salons où je reçois les familles. Le père de Paul s'est mis à côté de moi sur le canapé, tandis que sa femme est allée s'asseoir le plus loin possible, dans un coin. C'est donc lui qui sera mon interlocuteur et, malgré mes efforts pour intégrer sa femme à notre conversation, celle-ci va rester jusqu'au bout silencieuse, volontairement à l'écart, bien qu'extrêmement attentive à tout ce qui sera dit.

D'emblée, en homme habitué à prendre les choses en main, le père de Paul m'interroge sur l'état de santé de son fils. Il me prend sans doute pour un médecin. Je précise ma fonction, insistant sur le fait que Paul souffre aussi psychologiquement et que nous pouvons essayer ensemble de l'aider.

« Écoutez, nous ne savons pas ce que nous pouvons faire de plus. Paul nous a prévenus il y a une semaine qu'il était très malade et qu'on ne pourrait pas le guérir. Il nous a envoyé tout un tas de papiers sur cette maladie, le sida. On est venus tout de suite, avec ma femme, et on s'est installés dans son appartement, un bel appartement, vous savez », dit-il avec un éclair de fierté dans l'œil. « On essaie de comprendre ce qui se passe, de lire tous ces papiers, c'est une sale maladie, mais il faut qu'il se batte, on est là pour l'aider, un beau gars comme lui, il ne va tout de même pas nous faire ça !... » Et puis après un silence : « On se demande comment il l'a attrapée ! »

« Vous n'en avez aucune idée ? » Je ne veux pas laisser passer l'occasion d'aborder enfin ce sujet.

« On s'est demandé, ma femme et moi, comme il ne s'est pas marié, si des fois, il n'y aurait pas de l'homosexualité. »

Le père de Paul a baissé le ton, et les yeux. Il n'ose plus me regarder, et une gêne épaisse s'est brusquement installée entre nous.

« Paul souffre beaucoup de n'avoir jamais pu vous en parler », lui dis-je doucement.

« Je n'arrive pas à y croire ! » répète alors ce père terrassé par la confirmation de ses doutes. « Ce n'est pas possible ! » Il a pris sa tête entre ses mains, je sens qu'il souffre. Puis levant les yeux vers moi : « Je ne veux pas qu'il sache que nous savons. » Je tente alors de dire à ce père malheureux que son fils souffre de l'épais silence qui entoure sa vie, il aimerait, maintenant qu'il est proche de sa fin, pouvoir enfin parler de lui, de ses choix, ou au moins se savoir accepté tel qu'il est par eux, ses parents, qu'il a tenté de protéger jusqu'à maintenant. Je dis à ce père qui a maintenant les yeux pleins de larmes que son fils redoute sa réaction et qu'il peut sans doute lui faire un bien immense en partageant avec lui ses sentiments.

« Il n'en est pas question ! dit-il fermement, j'aime mon fils, c'est sa vie, je la respecte, mais je ne veux pas en parler avec lui. » Je regarde la mère, douloureusement songeuse dans son coin, je cherche une alliée. Ne sent-elle pas ce qui pourrait aider son fils ? Mais le père rcste sur sa position, il ne parlera pas de cela avec son fils. Je sens que nous n'irons pas plus loin aujourd'hui. J'ai appris à attendre aussi. Je sais que les choses font leur chemin, mais à leur rythme.

Avant de quitter le couple, je les informe que Paul attend que je lui parle de leur réaction. « Il sera sûrement soulagé de savoir que vous l'aimez et que vous respectez sa vie », dis-je.

À la réunion de fin de matinée, nous parlons de cette atmosphère lourde, tendue, si triste, qui règne parfois dans les chambres des malades. Nous ne recueillons pas seulement des personnes en fin de vie, nous recueillons des liens familiaux malades depuis longtemps, qui révèlent leurs déficiences, leur pauvreté. Parce qu'on ne peut plus rien cacher quand il reste si peu de temps, quand tout ce qui servait d'écran semble alors si dérisoire. Un silence, lorsqu'on a enraciné son intimité dans celle d'autrui et qu'on a le sentiment d'un échange profond, peut-être une bénédiction. Mais pour ceux qu'un fossé sépare ? Pour ceux qui n'ont pas pris la peine de découvrir qui est vraiment la personne allongée là, et qui meurt, ce silence devient alors un abîme, un enfer. Qu'y pouvons-nous ? pas grand-chose.

Cette impuissance, une fois de plus assumée, nous le savons, est notre force. Continuer à faire ce qu'on peut, dans un contexte d'impuissance généralisée, est paradoxalement d'un effet puissant.

Connaître ses limites, les accepter, et continuer à donner ce que l'on peut, son sourire, sa joie de vivre, sa confiance, cela peut paraître désuet, sentir la morale bondieusarde. Pourtant il s'agit là d'une ligne de conduite pragmatique, qui a fait ses preuves. Chacun essaie de se tenir au plus près de cette ligne, humblement. Cela n'empêche pas les uns et les autres de connaître des moments de déprime, de découragement, d'épuisement. Quoi de plus naturel ? Qui n'a pas trouvé dans ces moments-là quelqu'un, ou même un geste, une parole pour l'aider ? Une bénévole disponible qui peut justement fumer avec vous une cigarette et vous écouter. Une lettre d'une famille en deuil redonnant courage, et même le sourire des malades, dont on oublie trop souvent la capacité qu'ils ont de soutenir les soignants. Voilà justement le Dr Clément qui se réjouit de ce que Marie-France semble changer de discours. Elle accepte, dit-il, de vivre avec nous ses derniers moments. Elle semble avoir compris l'esprit du service et s'en émerveille. « Il aura fallu que j'en arrive là pour découvrir que la bonté existe », a-t-elle dit à l'un des bénévoles qui l'aidait à prendre son dîner, hier soir.

Je suis souvent émerveillée par les phénomènes de synchronicité. Ces coïncidences significatives, ces liens inconscients entre les choses. Nous venions d'évoquer cette réflexion de Marie-France à propos de la bonté, lorsque la pensée me vint d'aller voir Charlotte.

Comme Marie-France, Charlotte souffre de sa dégradation physique. Comme elle, le sentiment de honte qui dominait à son arrivée dans le service s'est progressivement estompé. La façon dont les soignants prennent soin d'elle y est pour beaucoup.

Cet après-midi, alors que je suis assise auprès d'elle, elle vient se blottir contre moi. Je la berce doucement.

« J'ai peur de mourir, je ne sais pas comment on meurt, je t'en prie, aide-moi ! »

Je reste interdite. Moi non plus, je ne sais pas comment on meurt. « Il me semble que c'est plus facile qu'on ne l'imagine. On dirait que cela se fait tout seul. Peut-être y a-t-il quelque chose en nous qui "sait" », lui dis-je.

Elle me regarde avec ses grands yeux enfoncés dans leurs orbites si sombres. Tout à coup, elle avance sa main vers mon cou et saisit la croix égyptienne que je porte, celle qu'on appelle aussi le bâton de vie ou la clé d'Isis. Elle veut savoir ce qu'elle signifie. Je lui raconte alors les bas-reliefs dans les tombeaux des rois, en Égypte, sur lesquels on voit les morts traverser les enfers en tenant le bâton de vie, jusqu'à ce qu'ils remontent vers la lumière. Et puis j'ajoute : « Chacun a son bâton de vie qui l'aidera à traverser la mort. Tu trouveras le tien toi aussi. »

Charlotte s'est blottie davantage encore dans mes bras. Elle me dit qu'elle sent une douce chaleur en elle, une envie d'aimer : « Je sens que j'ai encore beaucoup d'amour à libérer. »

« C'est cela qui va t'aider, ma chérie, tu ne peux plus faire grand-chose dans ton lit, mais manifester cet amour que tu sens en toi, ça tu peux le faire », lui dis-je en la quittant.

En sortant, je vois que la porte de la chambre de Marie-France est ouverte. Elle est seule, assise dans son fauteuil. Je m'approche et l'embrasse, ce qui lui fait toujours venir des larmes dans les yeux. Cela fait des mois que personne n'a eu avec elle ce geste d'affection.

« Je suis heureuse d'être venue ici, avant de mourir. J'ai rencontré de la bonté chez vous tous. Je n'y croyais plus ! Mais, vous savez, le plus extraordinaire, continue-t-elle avec ce ton un peu docte avec lequel elle nous parle toujours et qui lui vient sans doute de ce milieu universitaire dans lequel elle a grandi, le plus extraordinaire est qu'à mon tour je me sens l'envie d'être bonne. Voyez-vous, je ne vaux plus rien, j'espère de tout mon cœur mourir le plus tôt possible, et d'étranges idées me traversent. Par exemple, je me dis que je pourrais offrir ma mort, et cette longue et pénible attente, pour le bien d'un autre.

« Pensez-vous à quelqu'un ? » demandé-je

« Oui, je pense à mon petit cousin autiste. C'est curieux, je ne suis pas croyante, mais je me dis qu'il y a peut-être une solidarité invisible. J'aimerais l'aider, j'aimerais que tout cela serve à quelque chose, que toute cette souffrance ne soit pas perdue. »

« Cette idée de solidarité invisible me plaît », lui dis-je

« Eh bien, mon enfant, rajoute-t-elle en me tapotant la main, si elle existe, soyez sûre que je vous aiderai, vous et les autres ici, je vous aiderai quand je serai de l'autre côté ! »

L'hiver est arrivé. Avec ses grands froids et ses soirées interminables, les angoisses de la tombée de la nuit qui commencent en plein après-midi et qui nécessitent une présence plus importante. Noël approche aussi. Nous savons combien une fête aussi affective suscite de remous. Il y a la peur de ne pas passer Noël, la tristesse de vivre son dernier Noël, l'anxiété de devoir affronter l'émotion des autres.

Patricia a commencé à préparer des petits cadeaux pour chaque membre de l'équipe. Sa fille est chargée des achats qu'elle ordonne avec un souci particulier pour chacun.

Ce matin, elle se plaint du froid dans sa chambre. Il est vrai que celle-ci est au nord. Le soleil n'y entre pas. Pour la première fois depuis son arrivée, elle regrette ce manque de lumière. Elle aimerait changer de chambre. Comme ce n'est pas possible car le service est plein, Simone lui propose de l'emmener dans un fauteuil roulant s'asseoir au bout du vestibule, près de la baie vitrée en plein sud. Patricia, qui pourtant décline de jour en jour, est pleine d'énergie ce matin. Elle ira ainsi prendre le soleil, mais auparavant elle désire que Simone l'aide à se faire belle. Ce matin, ce sera un chignon dans lequel on piquera quelques orchidées, et il faudra du rouge sur les joues et sur les lèvres. Elle veut de l'éclat.

Ce désir de soleil et d'éclat, alors que l'hiver arrive, me fait penser soudain aux feuilles d'érable, telles que je les ai vues l'automne dernier au Québec. Sentant leur mort prochaine, les feuilles se parent de leur plus beau rouge, sorte d'insolent défi lancé à l'hiver, avant leur chute. Patricia ne sent-elle pas aussi venir sa mort ? La voilà, belle et émouvante, tendrement poussée, dans son fauteuil, par Simone qui chante : « Avoir mal, avoir peur, mais chanter, à l'heure de sa dernière heure chanter, l'amour, le chagrin, la tendresse, les fleurs qui naissent, les nuits d'été, chanter... »

Pierre, le mari de Patricia, l'attend en lisant le journal, assis précisément devant la baie vitrée, qui baigne ce matin dans le soleil d'hiver. Il lève les yeux, des yeux qui s'emplissent de larmes devant l'apparition de sa femme, si belle et éclatante, alors qu'elle va bientôt mourir.

Un jeune garçon de douze ans, frêle, le visage triste, avance maintenant timidement le long du vaste couloir rose, jusqu'à la chambre du bout, près de la baie vitrée, où Patricia reçoit sur son corps épuisé la dernière chaleur du soleil, tandis que son mari, assis légèrement en retrait, la regarde, comme on regarde quelqu'un qui s'en va pour toujours, avec infiniment de tristesse. Le jeune garçon les salue du bout des lèvres et frappe légèrement à la porte de la chambre 774.

Maria, le visage exsangue, d'immenses yeux de braise bordés de larges cernes fixés vers la porte, attend la visite de son fils. Maria est arrivée il y a quelque jours dans un état misérable. L'évolution de son lymphome a été si rapide ! Elle a été amputée de la jambe gauche, mais la hanche est maintenant atteinte et d'intolérables douleurs l'ont conduite à faire appel aux soins palliatifs. Elle reçoit donc de la morphine depuis quelques jours, et ce répit lui permet de dormir. Maria se réfugie beaucoup dans le sommeil. Comme on la comprend ! Elle sait que la bataille est perdue. Repliée sur elle-même, comme un animal blessé à mort, elle attend de mourir. Hier, elle a demandé à l'aumônier de bénir sa jambe amputée, qu'elle continue à sentir, à travers ce que nous appelons les douleurs des membres fantômes. Étrange demande ! Le soir, elle réclame que l'infirmière de nuit lui récite des prières pour l'aider à s'endormir. Chantal la berce au rythme des Ave Maria qu'elles récitent toutes les deux, doucement. C'est précisément parce qu'elle sait nous demander ce dont elle a besoin, dans son extrême désarroi, que Maria nous touche tellement.

Quand je suis venue la voir, c'est de son fils de douze ans dont elle a voulu parler. Elle a beaucoup pleuré. Laisser derrière elle cet enfant, qu'elle ne verra pas grandir, qu'elle ne pourra ni protéger ni consoler quand il sera blessé par la vie, c'est cela sa vraie souffrance. Son cœur en est meurtri au-delà de tout. J'ai moi-même un fils de cet âge, et la douleur de cette femme m'a bouleversée. Il y a des moments où j'ai l'impression de ne plus pouvoir aider, d'être à mon tour submergée. Nous avons pleuré ensemble car je ne savais rien faire d'autre. Curieusement, c'est parfois ce qui aide. Donc elle m'a parlé de lui, de Pedro. Elle m'a demandé de l'aider, de lui parler.

« Quand il vient, il est si courageux. Si tendre. Il me dit : “Ma petite maman, encore un peu de courage !” Il essaie de cacher sa tristesse, je le vois bien. Je voudrais lui parler, lui dire que je vais partir, mais que je serai toujours là pour le protéger. Mais je ne peux pas lui dire ça, je ne peux pas ! »

J'ai promis à Maria que je transmettrai à son fils ce qu'elle venait de me dire, elle pouvait compter sur moi. J'ai senti que cela lui faisait un peu de bien. C'est tout ce que je pouvais faire.

Maria est morte cette nuit. Son corps repose encore ce matin dans la chambre, car les brancardiers ne sont pas encore venus le chercher. Je suis allée auprès d'elle, en arrivant ce matin. Elle paraît incroyablement jeune maintenant que le visage ne porte plus trace de sa souffrance. Je la trouve belle, émouvante. Cela peut sembler étrange de parler ainsi d'un cadavre. Pourtant il y a quelque chose d'inexplicable qui se dégage d'elle, comme une trace de ce qu'elle fut, qui s'attarderait encore, comme un parfum un peu tenace, je ne sais. Certaines traditions disent que l'âme reste encore un peu de temps dans le voisinage du corps. Parfois, on pourrait en effet le croire. Ce matin, je lui renouvelle ma promesse de parler à Pedro. Je n'ai pas eu l'occasion de le faire jusqu'à maintenant, mais je l'ai aperçu dans un des petits salons, pleurant dans les bras de son père.

Je suis maintenant assise à côté du jeune garçon. Il ne pleure plus. Il a le visage grave et des yeux qui disent qu'ils ont vieilli trop vite. Je lui parle de sa mère. Il faut qu'il sache combien il l'a aidée. Elle me l'a dit. Il était sa joie, son soutien. Le voilà qui laisse de grosses larmes silencieuses descendre le long des joues. Il faut qu'il sache aussi qu'elle avait une foi intense et qu'elle était sûre que la mort ne les séparerait pas vraiment. Elle voulait qu'il sache qu'elle le protégerait toujours, en toutes circonstances. Il fallait qu'il en soit sûr ! Elle serait là, car « l'amour est plus grand que la mort », aimait-elle à répéter. Elle ne le laisserait pas tomber. C'était son ultime promesse.

L'enfant a tout écouté avec une grande attention et m'a remerciée sobrement. Je suis allée boire un café. J'étais terriblement remuée.

Il y a des jours où la réunion d'équipe joue vraiment son rôle de soupape. Quand les émotions vécues par les uns ou les autres sont trop fortes. On a beau chercher la distance juste, il arrive qu'on soit submergé. C'est sans doute aussi le prix à payer pour ne pas devenir insensible et rester tout simplement humain.

Aujourd'hui, l'équipe est un peu comme un grand corps fatigué et triste. La fin de Maria touche plusieurs d'entre nous. Comment ne pas s'identifier un peu à une femme de son âge ? Comment ne pas être ému par son chagrin d'avoir à mourir trop tôt ? Nous avons du mal à chasser de notre tête le petit visage triste de son fils. Et puis, tout le monde sent venir aussi la fin de Patricia. Elle commence à sombrer dans cette sorte d'inconscience, que nous appelons coma vigile, parce qu'on réagit encore à l'appel de son prénom ou à une stimulation tactile, mais c'est déjà le signe du départ, et la rupture de communication est souvent vécue comme une forme de mort.

Marie-Hélène, notre surveillante, fait remarquer à juste titre qu'il n'y a pas que de la tristesse dans le service. En effet, Charlotte s'est transformée depuis quelques jours, en fait depuis qu'elle a eu envie de vivre sa bonté. Elle ne semble plus angoissée du tout. Elle manifeste sa tendresse à tous ceux qui l'approchent. Sa famille, nous rapporte Marie-Hélène, s'émerveille de ce changement. On ne la connaissait pas sous ce jour ! Une bénévole qui l'a veillée cette nuit rapporte qu'elle s'est assoupie un moment près de Charlotte. Sa tête est tombée sur le lit. Quand elle s'est réveillée, Charlotte était en train de lui caresser les cheveux en disant : « Tu es si fatiguée, ma chérie ! »

Hier soir, en parlant avec des amis, quelqu'un me faisait remarquer que les malades dans notre service sont en quelque sorte des exilés. Ils ont presque tout perdu et s'apprêtent à disparaître. C'est peut-être pour cela qu'ils nous surprennent, pour cela qu'ils se dépassent.

J'ai encore cette pensée à l'esprit, lorsque, au cours de la réunion du service, le Dr Clément nous annonce l'arrivée d'une jeune femme étonnante. Elle est atteinte de la maladie de Charcot, cette dégénérescence neuromusculaire qui, dans sa phase finale, entraîne une paralysie quasi totale. La jeune femme peut encore bouger les paupières et imprimer un mouvement de l'index gauche. Tout le reste est paralysé. Outre cette dépendance extrême, le dossier de notre nouvelle malade signale une force de caractère peu commune, une volonté stupéfiante. Nous apprenons aussi qu'elle a deux enfants, adolescents, et qu'elle est entourée de toute une chaîne d'amis. Son fils a eu l'idée de lui bricoler une pédale reliée à son ordinateur et, grâce à cet index gauche, miraculeusement préservé de la paralysie, elle peut donc écrire, en sélectionnant laborieusement sur l'écran les lettres dont elle a besoin. Un silence accueille les propos du Dr Clément. Chacun mesure la difficulté de cet accompagnement. C'est la première fois que le service accueille une personne si dépendante. Il faudra apprendre à communiquer avec elle, poursuit-il, elle dit « oui » en fermant les yeux, « non » en les gardant ouverts. Bien sûr, elle ne peut pas appeler. On entend tout juste un misérable couinement.

Il faudra donc prévoir une présence quasi permanente à ses côtés. Quand elle a besoin de quelque chose, elle émet ce petit couinement. Ses amis ont confectionné une série de tableaux qui seront affichés à la tête du lit. Chaque tableau comporte une série de questions concernant ses besoins à lui poser systématiquement. S'agit-il d'un changement de position ? d'un désir particulier de musique ou de lecture ? A-t-elle envie qu'on l'installe à son ordinateur pour écrire ? Elle répond en principe avec les yeux, sauf quand elle est fatiguée, ses paupières ne répondent plus. On la laisse alors se reposer. Le docteur continue à énumérer calmement les consignes. Le silence est de plus en plus lourd. Va-t-on être à la hauteur ? Chacun se pose intérieurement la question. Il reste enfin la consigne majeure : elle ne doit jamais avoir la tête droite, sinon elle ne peut plus respirer. Sa tête doit toujours être tournée sur le côté, et il faut la changer de côté toutes les heures et demie. La jeune femme s'appelle Danièle.

À l'hôpital du Bon-Secours, Patrick va mieux. Son Kaposi s'est stabilisé et toute l'équipe l'encourage à rentrer chez lui pour Noël. Mais, depuis que cette proposition lui a été faite, voilà qu'il fait de la fièvre, avec des pics de température assez élevés. Il faut donc recommencer une série d'examens. Notre jolie médecin chef, avec sa finesse psychologique, suspecte cependant une forme de résistance psychosomatique. Elle m'en a parlé au téléphone, et me voilà au chevet de Patrick, les yeux brillants de fièvre. Que pense-t-il de son retour à la maison, pour Noël ?

« J'ai envie de rentrer, tu sais, j'en ai marre de l'hosto ! mais je ne sais pas pourquoi, ça m'angoisse ! me dit-il en me montrant son plexus. Chaque fois que j'y pense, j'ai une boule là. »

« À quoi penses-tu alors », lui dis-je en m'asseyant au bord du lit et en posant doucement ma main sur cette partie de son corps qu'il me désigne comme douloureuse.

« Je pense à Bernard, mon ami, qui est mort à Noël. Je n'ai pas compris qu'il allait mourir, je n'arrivais pas à l'accepter. Je n'ai rien fait de sa mort ! » De grosses larmes coulent sur ses joues, tandis qu'il me fait cet aveu.

« C'est donc une grosse boule de culpabilité qu'il y a là », dis-je en berçant doucement sa peine.

Il lui fallait faire cet aveu et parler longuement de la mort de Bernard. Il pense aussi que ce Noël pourrait bien être le dernier, pour lui.

« N'est-ce pas une bonne raison pour le passer en famille et permettre à ta mère et à ton frère dont tu t'es tant rapproché ces dernières semaines de prendre soin de toi ? Ce que tu n'as pas pu faire pour Bernard, tu peux peut-être permettre à ton frère de le faire pour toi ? » Je sens que mon argument le touche. Espérons que sa fièvre va tomber !

Dans la chambre à côté est arrivé un jeune homme affreusement amaigri. Il vient d'un grand service de maladies infectieuses, où l'on tente vainement depuis un mois d'enrayer ses diarrhées continuelles. Son bilan biologique est catastrophique, ses défenses immunitaires nulles. Il parle assez sereinement de son état, sans grandes illusions. S'il a demandé à changer de service hospitalier, c'est pour des raisons très précises d'humanité. Il ne supporte plus ce sentiment de n'être qu'un numéro de chambre, ou d'être réduit à une pathologie : « le cyto du 12 ! ». Cette façon que les médecins ont de faire leur visite, il ne la supporte pas davantage :

« Ils débarquent à dix dans votre chambre. À peine une poignée de main indifférente, et les voilà autour de vous à discuter du traitement, comme si vous n'étiez plus là ! Le médecin chef demande à la surveillante combien de fois vous avez souillé vos couches, si vous dormez bien, si vous vomissez, tout cela par-dessus votre tête, comme si vous étiez débile ! Les internes regardent les yeux vagues par la fenêtre, pour ne pas croiser votre regard anxieux. On grommelle quelque chose d'incompréhensible concernant l'essai d'un autre traitement, et tout ce monde tourne les talons, sans que quelqu'un ait eu l'humanité de s'asseoir quelques minutes près de vous et de vous demander comment vous vivez tout ça ! »

Il a entendu parler de ce petit service où l'on ne soigne pas d'abord une maladie, mais une personne. C'est tout ce qu'il demande maintenant. Il n'attend plus grand-chose de la médecine, il attend beaucoup des personnes et de leurs soins attentifs. Car son corps s'en va en morceaux. Il serait même plus juste dans son cas de parler de bouillie. Ce corps dont il a tant pris soin, dont il était fier, objet de plaisir pour lui-même et pour les autres, il a eu la tentation de le tuer, en avalant ce qu'il faut de somnifères. Mais cette pensée, il l'a dépassée maintenant. Il a retrouvé un goût ancien pour la méditation.

Il passe de longues heures, les yeux fermés, allongé sur son lit, en silence, ou parfois écoutant ces musiques new age qui détendent et apaisent. Il ne souhaite plus que du calme et de la tendresse autour de lui. Alors même que les médecins ont encore l'espoir de traiter cette infection des intestins qui le vide de jour en jour, il donne l'impression de savoir que la mort approche. Il demande seulement qu'on le laisse s'y préparer à sa manière.

J'ai souvent remarqué que les malades savent mieux que nous où ils en sont, et ce dont ils ont besoin. Les écouter fait quelquefois toute la différence.

Noël est arrivé. Au fond de la galerie du service, l'arbre étincelle de toutes ses guirlandes. À son pied, une multitude de petits cadeaux attendent d'être distribués. Il y a, parmi eux, ceux que Patricia a préparés avec discrétion et tendresse, et qu'elle ne pourra pas nous donner elle-même, car elle est morte ce matin, après trois jours de coma.

Il n'y a pas de tristesse dans mon âme, mais de la gravité. Comme toujours après la mort de quelqu'un que je me suis engagée à accompagner jusqu'au bout. Une vie se termine. Je sens le bonheur d'avoir pu la soutenir dans les moments difficiles, comme le jour où elle a réalisé qu'elle ne guérirait pas. Je sens de la gratitude à son égard, car elle m'a montré comment je pouvais l'aider, elle m'a montré qu'on peut garder sa joie de vivre et sa gaieté, malgré la souffrance de se voir diminué. Je sens aussi que la vie est fragile, si fragile !

Cet après-midi, l'équipe s'est réunie autour du corps de Patricia. Elle semble endormie, une fleur d'orchidée blanche dans la chevelure, si jeune en sa mort. Sa fille et son mari, Pierre, la regardent comme fascinés. C'est qu'elle est belle, belle comme avant sa maladie, qui avait tout de même marqué son visage. Et puis la voilà toute droite sous le drap léger, droite comme une reine, elle qui était toujours repliée sur elle-même, en chien de fusil, comme le sont tous ceux que la douleur au fil des mois a contraints à se recroqueviller. C'est que Chantal, l'infirmière de nuit, s'est donné le mal de bander ses jambes, bien serrées, depuis la racine des cuisses jusqu'aux genoux. C'est sa façon à elle de lui restituer ce qu'elle a perçu de sa droiture intérieure. C'est, comme elle nous le dira plus tard, son dernier geste d'amour, son dernier hommage.

Nous sommes donc tous réunis autour d'elle pour écouter les psaumes que le pasteur lit pour elle et pour nous. « Le Seigneur est mon berger, rien ne saurait me manquer. » Chacun médite en son cœur cette promesse d'une vie d'où le manque serait absent. Des moments comme celui-ci nous ramènent à nous-mêmes. Un jour, nous aussi, nous vivrons ce mystère, et nul ne sait comment ni quand. Mais peut-être nous souviendrons-nous de tel ou tel, de cette sorte de grandeur devant la mort, qui vient d'une acceptation du déroulement des choses, peut-être la mort de ceux que nous avons accompagnés nous aidera-t-elle le moment venu.

Voilà que la fille de Patricia me demande timidement d'entonner cet *Ave Maria* que j'ai chanté au chevet de Patricia un soir, quelques jours avant sa mort. Ce soir-là, elle venait de tomber dans un coma agonique. Pensant qu'elle allait mourir d'un moment à l'autre, je m'étais attardée. Il était tard, peut-être onze heures, et tout à coup Patricia sort de son état comateux pour me demander : « Chante pour moi ! » Je me suis mise alors à chanter l'*Ave Maria* qu'elle aimait, celui de son enfance. Et Patricia de m'accompagner d'un petit mouvement vibrant des lèvres et de m'encourager à continuer d'un faible « oui » qu'elle répète, en remuant la tête de droite à gauche. J'ai bien dû chanter une heure ainsi, jusqu'à ce qu'elle s'endorme.

C'est donc le souvenir de ce moment émouvant qui me donne la force d'entonner ce chant, maintenant, devant toute l'équipe, la voix nouée cependant. Une infirmière éclate en sanglots, une autre l'entoure de son bras. Il y a une tendresse infinie dans cette chambre. Celle qui s'est échangée jour après jour entre Patricia et celles qui l'ont soignée, entre Patricia et les siens. Une tendresse à vous remuer les entrailles.

Chacun quitte la chambre ensuite et se promet en cette veille de Noël de mettre un peu plus de douceur autour de soi. J'ai pris, ce jour-là, pour ma part, la résolution de dire plus souvent « je t'aime » à ceux qui me sont chers.

Je suis au fond de mon lit. Avec une double conjonctivite aiguë. La douleur et l'impossibilité d'ouvrir les yeux me contraignent à rester sous ma couette. Mais il y a maintenant une autre douleur qui monte. Je viens de me rendre compte que cette infection s'est déclarée le jour anniversaire de la mort de mon père. Je suis donc là clouée au lit, avec cette pensée, et tout à coup les émotions qui remontent avec force, comme une puissante vague de fond, et me submergent. Je n'en finis pas de pleurer. Toutes les larmes que je n'ai pas pu verser, au moment de sa mort, je les pleure aujourd'hui. Toute cette douleur refoulée ! Parce que, à l'époque, il y a sept ans, j'ai retenu ma peine, j'ai voulu faire bonne figure, j'ai pris sur moi. Comme tant d'autres quand ils sont en deuil, parce qu'il n'y a pas de place pour ceux qui pleurent la perte d'un être cher dans notre société. Personne alors ne m'a aidée à vider mon chagrin. La dépression des gens en deuil, on la juge anormale et l'on vous envoie chez le médecin, pour des antidépresseurs. On essaie de vous distraire, de vous changer les idées. Bref, on vous signifie qu'on a peur de votre chagrin.

Le besoin, dans ces moments-là, n'est-il pas précisément de parler de celui qui n'est plus là, de raconter les circonstances de sa mort ? Et bien sûr cela fait venir les larmes. Et il est bon de pleurer en présence de ses amis, de sentir que c'est possible, comme il est bon d'évoquer ensemble les moments vécus avec celui qui a disparu pour toujours. Cela fait du bien de parler de ses regrets, de ses remords quand on en a et, pourquoi pas, de sa révolte. C'est tout cela qui permet le travail du deuil, ce mystérieux travail intérieur de détachement qui permettra un jour de se réveiller libéré, et plein d'énergie pour la vie.

Sous ma couette, aveugle pour quelques jours, je n'en finis pas de repenser à tout ce que m'a laissé cet homme si secret. Toutes les joies, les gestes de tendresse, les petits signes de son immense bonté, tout ce qui éclairait mon enfance côtoie douloureusement d'autres souvenirs pénibles liés à la profonde mélancolie de ses dernières années. Sa tristesse de vieillir que je n'ai pas su réchauffer ! Tout cela occupe mon cœur. J'ai conscience de n'avoir pas fait ce deuil. Peut-être suis-je en train de le faire. C'est seulement aujourd'hui que mon corps exprime enfin – par le truchement de mes yeux en feu et en eau – la violence qu'a été pour moi le suicide de mon père.

Je comprends maintenant qu'on ne peut pas faire l'économie d'un travail de deuil. Ce que l'on met de côté se réveille plus tard, à l'occasion d'un autre deuil, ou d'une date anniversaire.

Je sais maintenant, parce que je suis en train de le vivre, à quel point les endeuillés sont seuls. Trouvent-ils à leur côté des humains capables de leur faire exprimer la tristesse ou la colère dans laquelle les plonge la mort d'un être cher, surtout quand elle est brutale ? Trouvent-ils une oreille prête à recevoir tout ce qui aimerait se dire à celui qui n'est plus là pour entendre ? Je sais depuis longtemps que tout ce qui n'est pas réglé avec un proche avant sa mort doit l'être après, sous peine d'être entravé par un deuil non résolu. J'ai souvent, moi-même, encouragé les autres à construire un dialogue intérieur avec le disparu, à parler au mort.

Le contact avec Paul est difficile en ce moment. Il y a en lui une colère énorme, qu'il ne peut exprimer, sinon en la retournant contre lui-même, en refusant de manger, en se repliant de plus en plus, yeux fermés, son grand corps en boule, tourné vers la fenêtre. Le seul moyen que j'ai trouvé de maintenir un contact est de lui proposer de fumer une cigarette avec lui. C'est en effet la seule chose qui l'incite à se redresser dans son lit et à accepter de parler un peu.

« Je voudrais sortir d'ici, qu'on me foute la paix ! » Il y a une violence certaine dans son regard et dans le ton avec lequel il vient de me dire cela.

Malgré la conversation que j'ai eue avec ses parents, le silence pèse toujours entre Paul et eux. Rien ne s'est dit. Son père semble être resté sur ses positions. Les après-midi sont donc devenus des tortures. Une fois échangées les banalités d'usage, un silence de mort s'installe. Et Paul n'a pas d'autre issue que de faire le mort, en effet. Yeux clos, il attend dans une immobilité effrayante que les heures passent, et qu'enfin ses parents rentrent chez eux.

Je rappelle à Paul les termes de mon échange avec son père. « Pourquoi ne prenez-vous pas les devants ? Vous ne pouvez pas rester comme cela, c'est en effet invivable ! Vos parents n'osent pas aborder le sujet, mais vous pouvez les aider, faites-le vous-même ! » Je le bouscule un peu à dessein, car il s'agit de lui, de la qualité de vie du temps qui lui reste. Et il sait bien qu'il ne peut pas mourir sans avoir eu cet échange avec ses parents.

« Non ! je ne peux pas ! j'ai toujours évité de parler de ma vie, j'ai pris la fuite. Ce n'est pas maintenant que je vais pouvoir le faire ! » Je comprends alors que cet aveu n'aura sans doute pas lieu.

Mais Paul s'est affirmé en disant cela, il a parlé à la première personne, et je suis curieuse des effets de cette prise de position personnelle.

Dès le lendemain, j'apprends que Paul a appelé une cousine, avec laquelle il a une complicité depuis longtemps. Il lui demande de venir le voir, c'est avec elle qu'il veut pouvoir parler de sa vie, à elle qu'il veut se confier. C'est son choix.

Il fait froid. Je monte l'escalier un peu vétuste d'un immeuble du côté de la Bastille. C'est là qu'habite Patrick. La porte du premier étage est entrouverte. J'entre et salue un jeune garçon qui s'affaire dans la cuisine. J'apprends quelques instants plus tard qu'il est aide ménager. Pour un salaire assez maigre, il vient plusieurs heures par jour assumer toutes les tâches ménagères que les malades hospitalisés à domicile ne peuvent plus accomplir. Il est jeune, ne cache pas son homosexualité ni son engagement auprès des personnes touchées par le sida. Patrick, que je rejoins dans sa chambre, me vante sa gentillesse et sa disponibilité. Sans lui, il ne pourrait pas rester chez lui. Il me raconte combien cela a été difficile de revenir dans son appartement et de constater qu'il est devenu si infirme. Il passe les trois quarts de son temps dans son lit, à souffrir. Parfois, aidé de ses béquilles, il se déplace dans la salle de séjour, qui est aussi devenue son atelier.

« Viens, je vais te montrer mes deux dernières créations ! »

Appuyé contre moi, il me guide dans l'autre pièce. L'effort a été tel qu'il s'effondre sur le canapé usé. Les larmes viennent toutes seules. Je me suis assise et l'ai pris dans mes bras. « C'est trop dur ! Je n'en peux plus ! Je ne vois pas vers quoi je vais. Comment puis-je continuer à vivre comme ça ! Ma maladie envahit tout, elle me tire vers le bas. J'essaie de résister, de me dire qu'il faut tenir bon et s'en sortir. Je pense de plus en plus à la mort de Bernard. Elle m'envahit. »

« Tu sais, on peut penser à sa mort. Ce n'est pas pour ça qu'on va mourir tout de suite », lui dis-je, essayant de lui faire sentir qu'il peut à la fois me parler de ces pensées-là et continuer à lutter pour la vie.

Un peu rasséréné, semble-t-il, le voilà qui se lève et m'entraîne vers une grande table de travail. Il y a là le dessin de ses deux dernières créations : deux bougeoirs en forme d'anges. Il les a baptisés « Amour » et « Espérance ».

Les premiers jours, les premières nuits de Danièle ont été une épreuve pour l'équipe. On sent une angoisse sourde qui plane. Bien qu'elle ne soit pas exprimée, il y a la peur de faire une mauvaise manœuvre, la peur de mal comprendre les besoins de cette jeune femme si émouvante. Danièle fait manifestement tout ce qu'elle peut pour mettre chacun à l'aise. Elle a vite fait de séduire tout le monde.

Je viens de me présenter à elle et de lui offrir mon aide. Elle m'a accueillie d'un sourire dans les yeux, puis les a fermés. Je sais que sa réponse est positive. Veut-elle que je l'installe à son ordinateur ? Avec une amie qui se trouve là à ses côtés, nous la redressons un peu dans son lit, tête penchée vers la gauche, où se trouve l'écran, le doigt posé sur la pédale. La conversation commence.

« C'est une maladie difficile, commence-t-elle, communiquer est source de tout, bref, c'est l'axe central de la vie. Cette interdiction de communiquer que me fait ce “virus” est un coup fatal. » La seule chose qui la mettrait profondément en danger, dit-elle, serait d'être coupée de ceux qui l'entourent. Danièle poursuit lentement, patiemment. Pour moi aussi qui, à ses côtés, surveille l'écran, c'est une épreuve de patience. La jeune femme se dit condamnée à « la parole différée ». Finis la parole séductrice, le mot d'esprit, le petit commentaire qui fonde la complicité. Terminés les longs discours. « Les mots viennent lents et lourds, sans la couleur d'une intonation, du geste, de la mimique, on y perd, mais j'y gagne autre chose ! »

Danièle dit qu'elle ne peut plus se cacher derrière les mots, elle a perdu son armure. « Je me rends compte à quel point cela peut être dur pour mes proches. Finis les préliminaires séducteurs qui permettent l'exercice de l'autorité sans en avoir l'air. Il me faut jouer cartes sur table, dire je n'aime pas, ou je ne veux pas. » Cette parole peut être plus abrupte, plus raide, mais elle est aussi sans fard, et donc plus vraie.

Danièle montre maintenant quelques signes de fatigue. Je la remercie de l'effort qu'elle a fait pour communiquer avec moi, elle me donne rendez-vous demain. Elle souhaite me parler de sa cohabitation avec ce qu'elle nomme « ce virus ».

« J'ai créé ma maladie pour répondre à l'abandon. C'est malin ! Maintenant j'ai la preuve qu'on m'aime, je veux vivre, mais mon virus n'entend pas ! »

Après cette prise de contact, l'amie qui veille sur elle me demande un entretien. Nous profitons de la toilette de Danièle, maintenant aux mains des aides-soignantes, pour aller bavarder dans l'un des petits salons du service. Christiane est une collègue de travail de Danièle. Elles enseignent toutes les deux la physique dans une école pilote de la banlieue parisienne. Quand les premiers signes de la maladie se sont manifestés, Christiane s'est rapprochée de sa collègue, elles sont devenues amies.

Il y a quelques mois, dans une lettre qu'elle écrivait à sa sœur, elle abordait la question du pronostic de sa maladie. Chacun se demandait en fait comment elle voyait les choses. C'est alors que son entourage s'est aperçu qu'elle croyait en sa guérison. Les médecins, disait-elle, lui avaient laissé entendre qu'une récupération était possible.

« Je vais te donner à entendre toutes les voix qui en moi murmurent le même refrain : tu choisiras la tienne », écrivait-elle alors.

« Il y a d'abord le discours médical : c'est un virus lent, il s'installe, règne, puis s'en va. Sa troisième phase est lente, car la régénération de la myéline demande du temps. La science ne sait pas guérir, mais reconnaissons-lui ceci, elle sait observer ! J'ajoute que j'ai entendu plusieurs fois la même histoire, alors pourquoi ne pas la croire ?

« Vient ensuite l'expérience que j'en fais chaque jour, dans l'intimité de mon corps. Ris, si cela te fait du bien, je me sens en très bonne santé ! Tout fonctionne très bien... sauf l'emballage ! Tous les organes fonctionnent comme sur des roulettes, merci ! Je sais aussi que, vu de l'extérieur, le spectacle est tout différent : l'immobilité et le silence, cette allure de pantin désarticulé et l'aspect squelettique des membres, tout cela en appelle à la mort. Je me suis souvent demandé qui, de mes proches ou de moi, souffrait le plus !

« Puis vient le message de l'inconscient, le mien est un vieux bavard nocturne. Qu'il déguise le virus en d'implacables soldats allemands (devant lesquels je n'ai d'autres ressources que de me cacher) ou qu'il lui donne l'apparence d'un petit ver blanc polluant les eaux d'une piscine, il ne m'a jamais assassinée ! Par contre, j'ai fait de nombreux rêves de guérison, qui tous évoquent symboliquement une naissance ; voilà donc le message : préparez les dragées plutôt que l'arbre ! »

Christiane est manifestement perplexe. Même si cette lettre témoigne de tout ce qui aide Danièle à vivre, la foi en sa guérison, son humour, elle a du mal à la soutenir dans ce projet, maintenant qu'elle sait que la situation est irréversible et que le pronostic mortel est certain.

« Il n'est pas possible de vivre sans espoir, lui dis-je, laissons-la découvrir petit à petit, à son rythme, ce qu'elle a besoin de savoir. Cette conviction de guérir est peut-être nécessaire à son chemin. »

Ce matin, le service est en effervescence. On attend la visite de François Mitterrand. Une visite privée. Le Président s'intéresse à notre approche. Il l'encourage et se tient régulièrement informé. J'ai eu, ces dernières années, maintes fois l'occasion de lui en parler, lors de rencontres privées. Je ne fais partie d'aucun de ses cercles familiers, qu'ils soient politiques ou amicaux, et notre rencontre s'est produite fortuitement. Quelques mots échangés, une correspondance, nous ont conduits à cette sorte d'intimité, rare et par conséquent précieuse, qui naît dès qu'on se découvre proche sur des sujets dont on ne parle jamais. Il s'agit entre nous de la mort.

J'ai toujours conçu une forme de mépris pour les propos que tiennent de temps à autre les journalistes sur l'attrait qu'exerce ce sujet grave sur le Président. Certains vont jusqu'à qualifier de morbide l'intérêt qu'il porte aux choses de la mort. Ils n'ont de toute évidence rien compris à la place que cet intérêt occupe dans la nature complexe et paradoxale de cet homme qui, à l'image des sages et des mystiques de tous les temps, pense tous les jours à sa propre mort et garde fidèlement en sa mémoire le souvenir de ceux qu'il a connus et aimés.

Si je partage avec lui cette habitude quotidienne, celle de se souvenir que l'on est mortel, nous partageons aussi une certaine analyse de l'angoisse qui pèse sur la vie de nos contemporains, précisément parce que la mort est évacuée du champ de notre pensée et de notre conscience.

Les personnes avec lesquelles il peut aborder ce sujet occulté sont peu nombreuses. Nous vivons dans un monde que la mort effraie et qui cache ses mourants. On sait le vide qui se crée autour de ceux qui vont mourir, ou bien autour de ceux qui vivent un deuil. François Mitterrand, lui, ne laisse jamais un ami malade sans visite. J'ai souvent senti au cours de nos échanges les contours de cette compassion discrète que peu de gens savent discerner chez lui, tant elle est tenue au secret.

C'est une visite informelle qu'il a tenu à nous faire ce matin. La presse n'a pas été informée, et la direction de l'hôpital a gardé jusqu'au bout le secret sur cette venue. Une marque de curiosité pour ce lieu où la mort n'est ni cachée ni dramatisée, mais accompagnée, ce lieu qui n'est pas un mouroir, mais un lieu de vie.

Quelques malades ont souhaité rencontrer le Président, notamment Danièle. Il est donc prévu d'accueillir celui-ci dans le grand salon de l'unité, pour une rencontre avec l'ensemble de l'équipe, puis de l'emmener dans les chambres.

Onze heures. Le Président franchit la porte à double battant au-dessus de laquelle on peut lire « Unité de soins palliatifs ». Il est accompagné de sa sécurité rapprochée, de son chef de cabinet, d'un ancien ministre, conseiller à l'Élysée, de son médecin personnel qui a joué un rôle important dans la création de ce service pilote. Il est visiblement impressionné par le vestibule en arcade autour duquel sont distribués les salons et les chambres. Je n'ai jamais su pourquoi ce lieu de passage dégage tellement de paix et de douceur. Est-ce l'architecture qui évoque le calme des cloîtres, ou la couleur saumon si douce du plafond, ou la lumière que diffuse la baie vitrée tout au bout de l'allée des colonnes ? Le Président a visiblement marqué un temps d'arrêt. Le voilà maintenant qui serre les mains, nombreuses, car tout le monde est là, médecins, infirmières, bénévoles, honorés de cette marque d'intérêt pour un travail si peu reconnu dans un monde où le soin et l'attention portés à la personne ne sont pas valorisés.

Assis dans le grand salon réservé aux familles des malades, il écoute maintenant la courte présentation que le chef de service lui fait de son unité. Il écoute attentivement, car c'est pour cela qu'il est venu. Il est venu apprendre de nous, de notre expérience humaine au contact de la souffrance et de la mort. C'est l'humaniste qui est là d'abord. Et chacun le sent à la simplicité des rapports qu'il établit maintenant avec les uns et les autres, interrogeant, réagissant, se mêlant au groupe chaleureux des infirmières qui s'enflamment pour défendre la qualité de leur travail, ne voulant pas manquer cette occasion inespérée de convaincre le chef de l'État de l'urgence d'une reconnaissance de leur métier, alors que nous sommes par ailleurs à peine sortis du conflit qui les oppose au gouvernement. L'ambiance est animée. On évoque tour à tour le retard de la France en matière de traitements antalgiques, le manque de formation des médecins, le déni généralisé de la mort et le peu de préparation des personnels hospitaliers à l'accompagnement des malades pour lesquels « on ne peut plus rien ».

Le Président est ému par l'énergie et la passion qui se dégagent des infirmières. Il me le dit, à voix basse, alors que nous nous dirigeons vers la chambre de Danièle.

Celle-ci a le visage tourné vers la fenêtre. Le Président s'avance donc de l'autre côté du lit. On voit sur son visage affluer émotion et embarras devant cette jeune femme, au corps si frêle, abandonné dans le dénuement total qui est le sien, les yeux pétillant de vie fixés sur ce visiteur intimidant, mais qui à cet instant a perdu toute assurance et cherche de l'aide auprès de moi.

« Voici Danièle, monsieur le Président. Danièle ne peut pas parler mais peut répondre à nos questions en battant des paupières », dis-je en m'approchant.

« Je suis venu, madame... », commence-t-il – et ce « madame » est dit avec tant d'infini respect que je vois le rouge monter aux joues de Danièle. Nul doute qu'elle vient d'être sensible à cette inflexion de la voix, qui à elle seule lui dira combien il s'incline devant ce qu'elle vit. « Je suis venu me rendre compte de ce qui est fait dans ce service où l'on vous soigne, continue-t-il, et heureux de constater le soin que l'on prend de la personne. »

Son regard s'est posé sur les nombreux papiers qui tapissent le mur au-dessus du lit. Toutes les questions relatives au confort de Danièle ont été répertoriées. Aussi, lorsqu'elle « appelle », c'est-à-dire lorsqu'elle émet une sorte de grognement un peu rauque, la personne qui se trouve à son chevet – et il faut donc toujours quelqu'un – pose systématiquement toutes les questions inscrites au mur, jusqu'à ce qu'un battement des cils indique l'objet de la demande. S'agit-il d'un changement de position, d'une douleur, d'un souhait de musique ou de lecture, d'une plainte d'inconfort ?

Le Président semble sincèrement intrigué : « Et l'on trouve toujours ce qui ne va pas ? » Danièle laisse passer une lueur de tristesse dans son regard, qui n'échappe pas à l'homme intuitif qui la regarde. Non, bien sûr, elle a son lot de solitude, on ne comprend pas toujours ce qui ne va pas quand elle appelle. Je le sais pour l'avoir parfois trouvée en larmes et l'avoir prise dans mes bras, sachant que ce corps à corps était la seule chose que je pouvais offrir à son immense solitude.

Le Président pose alors, dans un geste de désarroi, sa main sur la main de Danièle, qu'il tapote doucement. Il regarde maintenant l'ordinateur. Je lui explique comment Danièle s'en sert et combien il nous est utile de connaître ses pensées et ses besoins. J'ajoute combien Danièle nous aide à la soigner, par sa joie de vivre, son humour, et son intelligence.

« Courage ! » dit-il en retirant sa main, tandis que Danièle lui offre ses yeux pleins de gaieté. Je la connais un peu mieux maintenant, je sais qu'elle est contente de cette visite.

« Elle a l'air si sereine ! me glisse le Président, tout en rejoignant le vestibule. Cette femme a certainement une grande force intérieure. »

À peine sorti de la chambre, le voilà assailli par un essaim d'infirmières : « Vos malades n'ont pas l'air de souffrir ni d'être angoissés. Comment faites-vous ? » Quelques rires fusent. Que répondre ? « Votre joie de vivre doit y être pour quelque chose, non ? »

Le chef de service entraîne maintenant le Président dans une autre chambre. Il y a là un malade portugais que je ne connais pas encore. Il repose tranquillement sur son lit, les mains croisées sur sa veste de pyjama toute propre, il a deux immenses moustaches noires qui remontent en pointe vers les pommettes. C'est pour lui un honneur qu'il n'aurait jamais imaginé avoir, recevoir la visite du président de la République ! Il le dit au Président, qui l'interroge sur sa vie de travailleur immigré, depuis vingt ans en France. Il dit aussi beaucoup de bien du service et des soins qu'il reçoit. On sent qu'il lui importe d'apporter un témoignage flatteur. Il s'est donné cette tâche ultime et il s'en acquitte avec beaucoup de sérieux. C'est sa façon de nous remercier.

« Cet homme est-il vraiment mourant ? » interroge le Président en quittant la chambre. Il s'informe sur la durée de séjour des malades dans le service. « Moins de trois semaines ? » On le sent vraiment étonné. Sans doute a-t-il comme beaucoup de gens une image assez terrifiante du « mourant ». Un « mourant » peut-il vivre ses derniers jours calmement étendu dans son lit, sans signes de douleur ?

Cet étonnement du Président est sans doute le plus grand hommage qu'il ait pu nous rendre.

« Quel est le secret de tant de calme ? » demande-t-il en s'acheminant vers la sortie du service, car il est temps pour lui de nous quitter. De quitter ces hommes et ces femmes qui n'ont pas d'autre secret que de s'appuyer les uns sur les autres et de ne pas tricher avec la mort.

Lors d'un déjeuner, quelque temps avant cette visite, nous avions longuement parlé le Président et moi de ce qui fait, à mon sens, l'originalité des services de soins palliatifs. Les motivations des soignants et leur cheminement personnel font que ces personnes ont amorcé une réflexion sur la vie qui intègre la mort, au lieu de l'occulter. Je me souviens que le Président m'avait dit alors : « Nous sommes chacun dans un avion qui finira un jour par s'écraser sur une montagne. La plupart des gens l'oublient. Moi, j'y pense tous les jours, mais peut-être est-ce parce que je commence à entrevoir la montagne, à travers le hublot. » Je lui avais répondu que cette conscience de leur mortalité est précisément ce qui fonde la pensée des soignants qui choisissent de travailler dans les services où l'on meurt. Nous avions aussi parlé de l'angoisse, qui n'est pas tant la peur de mourir, mais de se retrouver en face de soi-même, en face de sa vie. Je lui avais apporté un très beau texte de Maurice Zundel : « L'expérience de la mort ». Le Président l'avait lu et l'avait apprécié. Il avait relevé cette phrase : « Il n'y a que la mort qui meure ! » Oui, nous ne nous occupons pas de la mort, mais de la vie, et le secret du calme des soignants est peut-être là : ils ont compris que la mort est comme un miroir, ce que l'on voit dedans, c'est sa vie. Ils savent aussi, pour l'avoir constaté, que ceux qui ont le sentiment d'avoir pleinement et intensément vécu, ceux qui ont derrière eux une épaisseur de vie, ceux-là n'ont pas d'angoisse métaphysique.

Nous avions parlé du temps. Du rapport entre le calme intérieur et le temps. Je lui avais fait part de mon observation d'une sorte de suspension du temps chez ceux qui n'ont plus qu'un avenir très court. Nous avions évoqué Zweig, et ces « heures qui ne meurent pas » et où l'on pressent ce que peut être l'éternité. Le secret des soignants, si calmes, n'est-il pas aussi de faire dès maintenant l'expérience d'un autre temps ? de devenir de plus en plus attentif et présent à soi-même, aux autres, au monde ? de savourer chaque instant de la vie ? de savoir s'arrêter et écouter les bruissements de la vie ?

Je me souviens que le Président avait dit alors : « On découvre toujours trop tard que la merveille est dans l'instant. »

Le Président a pris congé de l'équipe non sans avoir une dernière fois encouragé son travail et l'avoir assurée qu'il ne manquerait pas de témoigner ailleurs de ce qu'il a vu ici.

Dans l'ascenseur qui le ramène au rez-de-chaussée, il laisse échapper : « Ces femmes, quelle lumière dans leurs visages ! »

Le Président s'en est allé sur cette dernière remarque, et je remonte dans le service, où règne un contentement léger. L'intérêt ému du Président a touché l'ensemble de l'équipe. Et Danièle ? Lorsque j'entre dans sa chambre, elle est installée devant son ordinateur. Elle a commencé à écrire ses impressions. Puis-je lire ? D'un battement des paupières, elle m'invite à m'approcher.

Je lis alors ceci : « L'éminence rose avait l'air plus émue que l'éminence grise. » Et elle ajoute : « J'avais envie de lui dire : ça n'est pas si grave ! » C'est bien là le style de Danièle, plein d'humour ! À Noël, Danièle avait reçu la visite de monseigneur Lustiger, venu célébrer la messe dans l'unité. C'est lui qu'elle qualifie d'éminence grise.

Ce « ça n'est pas si grave ! » venant d'une jeune femme proche de la mort résonne longtemps en moi, cela fait partie des perles de sagesse que je recueille de temps en temps et qui me donnent le sentiment de m'enrichir.

À l'heure qu'elle m'a fixée, je me rends au chevet de Danièle. Malgré sa perte totale d'autonomie, elle reste à sa manière maîtresse de son temps et de tout ce qui la concerne. Elle sait dire ce qu'elle veut, et quand elle le veut.

Il y a dans ses yeux sombres une grande intelligence, une grande maîtrise, étrange impression chez ce pauvre corps pantelant, frêle et amaigri, si vulnérable.

« Parlons donc de cette cohabitation avec ton "virus", lui dis-je, c'est une bonne manière pour moi de faire connaissance avec toi. »

Danièle commence alors le récit de sa maladie. Le « virus » est entré dans sa vie par effraction, mais si discrètement que longtemps elle a pu ne pas le voir. Puis il a commencé à semer quelques signes dans son existence, des signes à peine perceptibles. Elle se souvient, par exemple, de ses premières surprises : elle qui souvent souriait en parlant s'est aperçue qu'elle ne pouvait plus faire les deux en même temps. Il lui a fallu choisir. Et puis sa voix s'est mise à changer, ou plutôt à disparaître. Les signes se faisaient de plus en plus évidents. Elle avait des difficultés à prononcer certaines consonnes, elle faisait souvent des fausses routes. Cela l'a décidée à consulter un médecin. Ce fut une épreuve.

« Tu comprends, j'étais seule à soupçonner... Le dire, c'était donner corps à l'ennemi, lui reconnaître droit de cité dans ma vie. La guerre était déclarée contre X. »

Danièle fit connaissance avec l'angoisse. Elle avait l'intuition de la gravité de sa maladie, alors que les autres n'en avaient pas encore conscience. Il y avait aussi le fait que cette maladie n'avait jamais été nommée. Que peut-on redouter davantage que l'innommable ? C'est pourquoi Danièle la nommait ce "virus".

Je comprends mieux maintenant. Les médecins ont dû éviter de nommer la sclérose latérale amyotrophique. Il aurait été facile à Danièle de découvrir elle-même que cette dégénérescence est irréversible. Elle savait seulement qu'il s'agissait d'une maladie neurologique. Elle en soulignait l'étrangeté :

« Aucune souffrance, rien que de drôles de petites pannes ! Ce que j'avais toujours fait sans y penser devenait tout à coup impossible ou, au contraire, des muscles auxquels je n'avais rien demandé se mettaient à vibrer... En somme je n'étais plus maître à bord. »

Craignant que Danièle ne se fatigue, je lui propose une pause. Nous reprendrons demain. Mais elle semble insister pour continuer. Je sens une volonté farouche en elle.

Comme si elle venait de lire ma pensée, Danièle me prévient que derrière sa force apparente elle connaît des moments de faiblesse terribles. Elle a longtemps refoulé son angoisse et puis un jour le barrage a cédé.

« Je n'ai jamais rien vécu qui ressemble à cela : les cris montaient du centre de la poitrine, puissants, rauques, incontrôlables, je pensais : les enfants vont entendre... et ÇA hurlait. Tout mon corps était agité, révolté contre la paralysie. »

Maintenant Danièle ne peut même plus crier ni se révolter. Tout juste laisser les larmes couler.

Des amis arrivent maintenant nombreux dans la chambre. On sent que Danièle est aimée.

En quittant la chambre, je me dis que nous allons certainement beaucoup apprendre avec cette jeune femme.

Debout dans la cuisine de l'unité de soins palliatifs, sirotant ma tasse de café, je médite le cheminement somme toute mystérieux qui m'a conduite à me trouver là, revêtue d'une blouse blanche, prête à entamer une journée de présence auprès des patients et de leurs familles. J'ai vu passer bien des êtres atteints dans leur chair et confrontés à l'imminence plus ou moins reconnue, plus ou moins consentie de leur propre fin. Corps émaciés, visages gris, jaunes, faciès tuméfiés, derrière lesquels j'ai rencontré des personnes porteuses d'une histoire souvent douloureuse, faite d'amour et de misère, d'élans souvent inaccomplis... des vivants, assoiffés d'amour et soucieux de ne pas s'en aller sans avoir renoué avec la vérité de leurs sentiments. Je me suis vue parfois accueillie comme une présence inespérée, parfois rejetée comme une intruse. Reste que par-delà toutes les difficultés, tous les moments de désarroi, par-delà les chagrins ou les poussées de découragement, j'ai toujours la surprise de m'éprouver chaque jour plus vivante, alors qu'autour de moi on juge parfois morbide cette fréquentation assidue de la mort. Comment puis-je rester gaie ? Comment puis-je ne pas déprimer ?

Mon café avalé, je décide de faire le tour des chambres, avant d'aller voir cet homme qui vient d'arriver, porteur d'une maladie assez rare, un cancer du muscle cardiaque, vraisemblablement métastasé. Je n'en sais pas plus lorsque je pénètre dans la chambre de Dimitri.

Un homme âgé, au visage racé, repose, les yeux clos, sur son lit. Alors que je m'approche, il ouvre des yeux d'un très beau vert et je rencontre ce regard qui m'impressionne par son intensité. Cet homme a su établir un contact immédiat. Je sais bientôt pourquoi, lorsque, m'étant présentée, il me dit :

« Croyez-vous aux vies antérieures ? Je suis sûr de vous avoir déjà rencontrée. Je vous connais... à moins qu'il ne s'agisse de votre ressemblance avec ma mère. Vous portez le même parfum qu'elle !

Il dit tout cela avec un léger accent russe qui ajoute encore à son charme. Ainsi suis-je d'emblée accueillie, je dirai même invitée à entrer dans une certaine intimité, celle que peut créer le souvenir d'une mère très aimée. Je m'assois au bord du lit, ce que je fais souvent si les patients m'y autorisent, car je sais d'expérience que le contact ainsi créé sera davantage propice à un climat de confiance et de partage que si je m'installe à distance sur une chaise. Dimitri me saisit délicatement la main et y dépose un baiser, mettant tant de cœur et de noblesse dans ce geste que, l'espace d'un instant, je me suis senti l'âme d'une princesse russe.

« Comment vous sentez-vous ? Vous êtes bien ici ? »

« Oh ! oui, réplique-t-il, je sens que je serai très bien soigné. Mais voyez-vous, la nature me manque, l'espace me manque, j'ai le sentiment d'étouffer. »

Je suis toujours sensible à cette souffrance trop rarement exprimée que connaissent nos malades, celle de se voir confinés à l'univers rétréci d'une chambre d'hôpital, avec pour seule échappée un bout de ciel du nord.

Heureusement que nous avons cette grande baie vitrée, souvent ensoleillée, d'où l'on aperçoit le parc Montsouris et les maisons qui l'entourent, avec leurs terrasses fleuries. Les malades encore valides aiment aller s'asseoir devant elle. Parfois, nous poussons aussi un lit jusque-là.

Cet après-midi-là, je propose donc à Dimitri de sortir son lit et de l'approcher de la grande fenêtre baignée de soleil. Il y a quelque chose de particulièrement touchant dans l'abandon bienheureux de cet homme malade, goûtant, les yeux fermés, sa main confiante dans la mienne, la chaleur des premiers rayons d'un soleil de printemps. Je goûte moi aussi ce moment de bonheur, comme peuvent l'être tous ces moments où l'on peut simplement être là, présent, sans attente particulière. Je me garde bien de lui poser des questions et de rompre ainsi le contact subtil et silencieux qu'il semble vouloir établir avec moi.

Au bout d'un long moment, il ouvre les yeux. Il semble sortir d'un rêve et me regarde longuement. Il répète que je ressemble à sa mère. Celle-ci est morte quelques années plus tôt. Elle lui manque, me dit-il. Il cherche depuis un moment ce qui en moi peut à ce point le ramener au souvenir de sa mère. Puis, tout à coup, il me fait cette confidence :

« Je me sens tout simplement très bien avec vous, très en sécurité, comme si je vous connaissais depuis longtemps... »

Moi aussi, je me sens très bien en présence de cet homme. Dans cette communion silencieuse près de la fenêtre, un contact profond s'est établi. Je ne sais pas combien de temps Dimitri va vivre, ni même si je vais le revoir le lendemain, mais ma décision est prise : je l'accompagnerai jusqu'au bout.

L'heure est venue de mettre un terme à ce tête-à-tête. D'autres patients m'attendent. Je ramène donc le lit de Dimitri dans sa chambre.

« Il faut que vous reveniez bientôt me voir. »

« Oui, je vous le promets », lui dis-je cependant qu'il se saisit encore une fois de ma main et, en guise d'au revoir, l'embrasse longuement.

De retour dans le couloir, je me dirige vers l'un de nos petits salons mis à la disposition des familles et proches des patients. La pièce est vide. Je ferme la porte et prends place dans l'un des fauteuils. J'ai besoin d'un moment de calme. On a beau savoir que l'accompagnement des mourants est une affaire d'engagement et d'amour, chaque engagement particulier nous porte au seuil d'une aventure, dans laquelle il faudra se risquer avec tout son être. Cette fois-ci encore, j'éprouve toute la gravité de cet engagement.

Le lendemain, je retourne voir Dimitri. La chambre est remplie de monde, ou plus exactement de femmes, au milieu desquelles Dimitri semble trôner, très à l'aise. L'ambiance très animée est davantage celle d'un salon où l'on prendrait le thé que celle d'une chambre d'hôpital. Les femmes qui entourent notre nouveau malade sont d'assez belle allure, toutes âgées d'une quarantaine d'années à l'exception d'une sexagénaire dont j'apprendrai plus tard qu'elle est son ex-épouse. Le ton de la conversation est léger, mondain, presque désinvolte. On sent que toutes ces femmes entretiennent avec cet homme un rapport de séduction dont il joue admirablement. Il m'accueille, alors que je m'approche de son lit, de la même façon désinvolte et mondaine : « Voyez ! tout est parfait ici, je suis vraiment dans un hôpital quatre étoiles : j'ai même ma psychanalyste attitrée ! Entrez donc, ma chère, entrez... » Est-ce vraiment l'homme que j'ai rencontré la veille ? Cette superbe, cette affectation ! Ce personnage de mâle roi parmi ses favorites ! Résolue à ne pas entrer dans son jeu, je prétexte le nombre des visites, pour lui dire que je reviendrai plus tard. À n'en pas douter, Dimitri est une personne complexe. La veille j'ai rencontré un homme désarmant de sincérité, somme toute assez vulnérable, aujourd'hui ce même homme s'est revêtu d'un masque, celui du personnage qu'il a sans doute joué toute sa vie avec les femmes.

Patrick est revenu à l'hôpital. Avec un petit sourire triste, il me dit : « Je crois qu'elle va gagner ! » Nous savons lui et moi qu'il parle de la mort.

Il ne peut plus se lever du tout. Son Kaposi gagne de jour en jour, et Tristane a eu avec lui une conversation difficile mais très franche. Il n'y a plus d'espoir de guérison. Elle peut seulement lui promettre que ses douleurs seront soulagées et qu'il recevra tous les soins de confort dont il a besoin. Il a beaucoup pleuré, et cela lui a fait du bien. « Je suis tellement déçu ! » dit-il.

Il a près de lui sa mère, très aimante et douloureuse. Patrick me dit ressentir une culpabilité de devoir mourir. Il sent, de tout son être, le chagrin de sa mère. Il aurait voulu lui éviter cela. Ce chagrin, près de lui, qu'elle cache, mais qu'il sent, devient par moments insupportable.

J'ai souvent entendu cette forme de souffrance chez ceux qui vont mourir et qui vient de ce qu'ils perçoivent la peine des autres. Je sais par expérience que cette souffrance s'allège un peu si l'on peut parler de sa mort avec ses proches, si l'on peut aussi pleurer ensemble.

Ce matin, Dimitri est seul. Il termine son petit déjeuner. Je sais en croisant son regard que je vais retrouver le contact que nous avions établi le premier jour. Plus rien ne subsiste ce matin de la pseudo-assurance si crânement affichée l'autre jour.

Assise au bord du lit, je l'invite à me parler de lui, de sa maladie. Que sait-il exactement ? Jusqu'à quel point est-il conscient de la gravité de son état ? En effet, j'ignore encore tout de la manière dont cet homme se situe face à l'épreuve qu'il traverse. Il ne se dérobe pas, abordant franchement le sujet en quelques phrases courtes et précises : « J'ai un cancer du muscle cardiaque. C'est grave, je le sais. Je peux mourir du jour au lendemain, car les médecins m'ont dit que mon cœur pouvait s'arrêter de battre d'un instant à l'autre. » Pourtant, comme s'il voulait conjurer le sort et évacuer la menace tout juste formulée, il ajoute : « Vous savez, je suis très optimiste. Ici, on va très bien me soigner. Je sais que je peux mourir, mais je n'en suis pas encore là. »

Je sais donc à quoi m'en tenir : tout en s'avouant sérieusement atteint, cet homme amoureux des femmes et de la vie garde encore un sérieux espoir de rémission. Je l'écoute donc, comme je le fais toujours, sachant que le temps qui reste à vivre à chaque individu lui appartient. Nul ne peut prévoir avec certitude ce qui reste le mystère et le secret le plus intime de l'être humain : l'heure de sa mort. Comme pour se libérer de la crainte inspirée par la perspective qu'il vient d'évoquer, Dimitri me réaffirme sa foi en la réincarnation : « Je suis convaincu que nous avons plusieurs vies. J'en ai la certitude. » Après un bref silence, il m'interroge sur mon métier. Lui-même, explique-t-il, s'est intéressé à la psychanalyse, à l'exploration de l'inconscient. C'est alors qu'il me propose de me raconter un rêve fait juste avant son transfert dans l'unité. J'acquiesce et me fais plus attentive encore. Ma formation jungienne, mon expérience auprès des patients, ainsi que ma propre quête m'ont appris à accueillir avec le plus profond respect ces confidences très particulières que sont les rêves. Car il s'agit bien de confidences : tout rêve partagé est une tranche d'intimité, une part très secrète de soi que l'on accepte de livrer. Ainsi que le savaient nombre de peuplades dites primitives, le partage du songe constitue un rituel. Entrer dans le rêve de l'autre, c'est fouler une terre sacrée, pénétrer dans l'intimité de l'autre. L'inconscient n'est pas seulement le réservoir du refoulé, il contient aussi tous nos possibles. Il est un vivier d'images et de symboles susceptibles d'aider à notre croissance.

Dimitri me raconte donc son rêve : « Je me trouve sur une plage, revêtu d'une armure, d'une belle armure métallique, très encombrante. Une voix puissante me commande d'entrer dans l'eau. Je suis très angoissé car, avec cette armure, je vais très certainement couler. En même temps, je ne puis me soustraire à l'obligation d'entrer dans la mer. J'avance donc, très inquiet, sachant que l'armure m'empêchera de nager. Je m'enfonce dans la mer jusqu'à être quasiment submergé. Alors que je me sens au comble de l'angoisse, l'armure tout à coup s'ouvre, et je me trouve en train de nager, libre et heureux. »

Chaque fois que j'écoute un rêve, je ne cherche pas à l'interpréter. Je demande d'abord au rêveur de me dire ce que son rêve lui raconte, puis je laisse son récit résonner en moi. Des associations viennent alors que je lui propose, en complément des siennes. Elles peuvent éclairer différemment, parfois élargir sa compréhension du rêve. Cette manière très riche de partager un rêve, lorsqu'elle se fait dans le respect de l'intimité de l'autre, de son mystère, est une voie royale d'approfondissement de la relation. Le rêve de Dimitri lui parle d'une angoisse qui tombera d'elle-même dès qu'il acceptera de s'engager dans les eaux. L'entrée dans l'unité de soins palliatifs pouvait être vécue comme l'entrée dans une mer où l'on sait que l'on va se noyer. Le rêve n'annonce-t-il pas aussi qu'il se produira une sorte de miracle : la libération de l'armure, c'est-à-dire du masque social qu'il s'est forgé ? La mer de mort se transformant alors en mer de vie, le rêve annonce qu'en vivant son mourir il vivrait aussi une libération et un bonheur.

Dimitri sent très intensément la portée libératrice de son rêve. Il me suffit de lui confirmer doucement combien celui-ci l'invite à devenir lui-même, à oser lâcher son armure, à oser enfin être vrai. Il ne répond pas, mais reçoit pleinement mes propos tout en gardant ma main dans la sienne, ponctuant mes paroles de petites caresses, de très tendres pressions. Je le sens disponible, ouvert à ce regard porté sur les messages montés des profondeurs. Au terme d'une longue plage de silence, il murmure : « Ce que vous me dites me touche beaucoup. »

De retour dans le corridor, je me dis : « Oui, cet homme va vers la mort. Pourra-t-il, comme son rêve l'indique, se débarrasser de ce que Jung eût appelé sa *persona* ? Quelque chose me dit que oui.

Faire le récit de sa vie, avant de mourir. Le récit est un acte, et pour celui dont l'autonomie est souvent si réduite, cet acte prend toute son importance. Il y a un besoin de donner forme à sa vie et d'adresser cette mise en forme, créatrice de sens, à quelqu'un d'autre. Une fois le récit achevé, la personne semble pouvoir lâcher prise et mourir.

Paul aurait aimé pouvoir adresser ce récit à ses parents. Ces derniers temps, il lui a fallu faire le deuil de ce désir. Alors même qu'il y renonçait, il a pu retrouver chez sa cousine cette complicité de leur enfance, il a pu grâce à elle, grâce à son écoute aimante, accomplir cet acte essentiel : partager son intimité, donner forme à sa vie.

Maintenant, il peut se laisser aller. « Il plonge », comme disent les soignants. Il plonge dans les eaux de la mort. Sans doute parce qu'il se sent enfin en paix avec lui-même peut-il tenter maintenant un rapprochement avec sa mère. Il lui demande souvent de venir plus près de lui. Il réclame sa tendresse. Timidement au début, elle a rapproché sa chaise du lit et, comme il cherchait sa main, elle s'est enhardie. Elle le caresse et le berce, un peu maladroitement. Il est beaucoup plus calme. Son père reste encore à distance, mais il regarde son fils, les yeux pleins de larmes affectueuses. Bien que rien ne se soit dit entre eux, on les sent proches.

La vie confirme sans attendre l'intuition que j'avais à propos de Dimitri. J'apprends quelques jours plus tard que son état a empiré. Il s'est trouvé pris de vomissements. Il est à présent très faible. C'est effectivement un homme diminué que je découvre prostré sur sa couche. Mais le contact, entre nous, se passe désormais de tout préliminaire. Glissant d'emblée ma main dans la sienne, assise au plus près de lui, je demeure ainsi sans que s'installe la moindre gêne. Non seulement il accepte le contact, mais il le recherche franchement. Sa voix n'est plus qu'un murmure. Aussi je l'invite à garder le silence :

« Vous êtes trop fatigué pour parler, mais je vais rester un moment auprès de vous, si vous voulez.

– Oh ! oui, je vous en prie, restez, cela me fait du bien. »

C'est alors que, saisi d'une soudaine et incontrôlable nausée, Dimitri se met à vomir. Je suis en un éclair tout éclaboussée de vomissures, mes mains et ma blouse maculées. Le lit est également taché, sans parler de Dimitri lui-même. En l'espace de quelques secondes, il n'apparaît plus seulement comme un homme profondément affaibli mais comme un malade souillé. Or, à cet instant, plutôt que de céder à la trop classique réaction du repli honteux et, ce faisant, de se murer dans sa fierté blessée, voilà que ce séducteur si attaché à sa prestance ose au contraire s'ouvrir et demeurer dans un contact de tendresse avec moi. Il « lâche prise » de son armure et puise au fond de lui l'audace d'être vrai. Levant vers moi un regard d'une impressionnante nudité, il me dit simplement : « Vraiment, je suis désolé de vous infliger ça. »

Ce regard et cette parole, je les reçois en plein cœur. Une grande bouffée de tendresse monte en moi, à l'égard de cet homme qui, quoique atteint dans son image, trouve le courage d'accepter les choses comme elles sont. Peu importent les vomissures ! Je décide alors de n'appeler personne, de parer au plus pressé et de procéder moi-même au nettoyage. Il me semble important, bien que je pourrais appeler une infirmière, de faire sentir à Dimitri qu'il peut être vraiment aimé, alors même que son masque est en mille morceaux. Prenant une boîte de Kleenex, je me lance dans une toilette sommaire avec des gestes lents et appliqués qui en font presque un rite.

Je pense aux aides-soignantes qui, à longueur de journée, effectuent ces gestes intimes, dépassant toute répugnance, parce que la seule pensée de restituer à quelqu'un sa dignité leur donne un sentiment de satisfaction suffisamment puissant.

Dans leur regard, sans doute, les malades retrouvent quelque chose des yeux aimants de leur mère ; sans doute la manière dont on s'occupe d'eux réactive-t-elle la mémoire des soins prodigués dans la petite enfance. Si bien des humains connaissent ce bonheur durant leurs premières années pour en conserver à jamais le souvenir en un recoin de leur psyché, il est rare que cette qualité de tendresse leur soit ainsi restituée au soir de leur vie ; redevenus aussi démunis que des nourrissons, à nouveau souillés et inaptes au mouvement, la plupart des malades n'ont, pour les nettoyer, que les mains compétentes mais souvent mécaniques de soignantes fatiguées, ou celles de proches en principe plus concernés mais peu préparés à ce nouveau mode de relation avec ceux qu'ils connurent jadis valides et autonomes. Eux-mêmes en proie au désarroi, enfants et conjoints en de pareilles situations se montrent fréquemment gênés, voire un peu dégoûtés, si bien que le malade se retrouve seul avec sa honte.

S'abandonnant sans crainte à mes soins, Dimitri a sans doute eu le privilège de renouer avec de bienheureuses sensations de sa première enfance.

Le rite achevé, il attire contre le sien mon visage et le garde ainsi quelques instants. « Je vous aime », murmure-t-il soudain en me caressant les cheveux. Je ne réponds rien, mais accueille sans me dérober ce cri du cœur. Puis je me dégage doucement.

J'ai passé ces derniers jours de longs moments au côté de Dimitri. Parfois en silence, parfois à l'écoute de ce que cet homme au seuil de sa mort veut bien me confier. Il se dit touché par les soins qu'il reçoit ici, je veux dire la qualité avec laquelle les infirmières prennent soin de son corps. À vrai dire, il découvre une dimension d'humanité qu'il n'avait pas crue possible. Ces longues heures d'immobilité dans son lit sont pour lui l'occasion d'une méditation sur la vie, la sienne bien sûr, mais aussi celle de ces hommes et de ces femmes au service de la souffrance des autres. Y a-t-il donc de la bonté dans le monde ? Il a roulé sa bosse comme ingénieur dans le monde aride des affaires, où seul l'intérêt matériel et égoïste prévaut. Un monde où seules les valeurs d'efficacité, de rentabilité sont reconnues, où l'on n'hésite pas à écraser les autres sur son chemin pour arriver à son but. Et voilà qu'autour de lui on s'intéresse à des malades en fin de vie, on privilégie l'affectivité, on se met à l'écoute de la vie intérieure et sensible de ceux que la société rejette : les malades, les handicapés, les vieux. Il me raconte avec émotion la manière dont on l'a traité lors d'une précédente intervention chirurgicale. Sous anesthésie, il a connu l'un de ces phénomènes de décorporation dont les malades font parfois état : se retrouvant soudain conscient, au-dessus de son corps, il a vu son enveloppe charnelle entourée de médecins sur la table d'opération et entendu le chirurgien dire d'un ton méprisant : « Enlevez-moi ça, je ne veux pas qu'il crève ici. » Pour inhumaine qu'elle soit, cette remarque n'en est pas moins caractéristique d'une certaine mentalité médicale qui, faisant fi de la personne, ne perçoit plus qu'un organisme dont la défection définitive dans le bloc opératoire viendrait alimenter les mauvaises statistiques, celles qui recensent les malades décédés durant une intervention. Une fois « enlevé », libre au patient de « crever », fût-ce cinq minutes plus tard, puisque ce sera, cette fois, « des suites de l'opération »...

Toujours est-il que Dimitri non seulement n'est pas décédé mais s'est à son réveil souvenu de cette parole et s'en est trouvé profondément blessé. En écoutant cet épisode de la vie de Dimitri, je me dis que lui-même, sa vie durant, a dû traiter les femmes qu'il séduisait les unes après les autres avec la même désinvolture, sans tenir compte de leurs sentiments. En entendant les propos méprisants du chirurgien, ne se trouvait-il pas renvoyé à sa propre inhumanité ?

En choisissant de le nettoyer avec amour, en lui donnant à éprouver que, même souillé, il demeure à mes yeux une personne digne des soins les plus attentifs, j'ai sans doute réparé ce sentiment de n'être qu'un déchet, une chose un peu sale. Cette reconnaissance de son humanité profonde est venue panser la blessure infligée par le mépris.

Ce matin, Patrick semble avoir retrouvé une certaine énergie. Pourtant la fin approche. Cette nuit, me dit-il, il s'est senti mourir. Il avait l'impression qu'il ne verrait pas le jour. Chaque expiration était devenue angoissante, tant il craignait de ne pouvoir à nouveau inspirer.

« J'avais l'impression d'étouffer. Tu ne peux pas savoir comme cela m'a soulagé de voir arriver l'équipe de jour, d'avoir traversé cet enfer de nuit ! »

Patrick semble tout heureux d'être encore vivant, d'avoir encore un jour à vivre. Il sourit comme je ne l'ai pas vu sourire depuis longtemps. Et je dois dire que cela me fait du bien. Si les malades savaient combien ils nous aident parfois, simplement d'un sourire !

Je regarde ce jeune homme qui va mourir et me sourit. Et soudain il m'interroge sur le sens de ma vie, de mon travail ici, sur ce qui nous motive, moi, les médecins, les infirmières, à soigner des malades qui vont mourir.

« Elles font vraiment un métier dur, dit-il, les yeux pleins de larmes, je n'aurais jamais pu faire ce qu'elles font. »

Il parle des infirmières. Il tient des propos pleins d'admiration et de tendresse pour ces femmes et ces hommes, qui, pour un salaire de misère, prennent soin de leurs semblables. Le monde lui a toujours paru cruel et sauvage, et voilà qu'à la veille de mourir il découvre qu'il y a des humains qui aiment faire du bien autour d'eux, qui savent venir en aide, sans donner l'impression d'assister un incapable. Il est très sensible à cela. Il a eu le temps de les observer, ces infirmières, toute la journée et même la nuit. « Elles savent sourire, me dit-il, et sourire, ce n'est pas s'apitoyer », ajoute-t-il. « Ce n'est pas facile, m'explique-t-il, d'accepter l'hospitalisation, c'est s'exposer à des regards incontrôlés sur soi, c'est se soumettre au jargon, au rythme, aux intrusions des autres. C'est humiliant ! » Mais il se rend compte aussi que ce n'est pas facile de s'occuper de la misère et de la déchéance physique, il n'aurait pas pu le faire.

« Peut-être que si on se rendait compte davantage de ce que cela représente pour les uns d'être humiliés, pour les autres d'avoir à rencontrer cette humiliation, on s'aiderait mutuellement à supporter ça. Tu sais, moi j'ai envie de les aider, ces infirmières, alors je fais ce que je peux, je leur souris, j'essaie de me mettre à leur place. »

Comme le suggère Patrick, si chacun essayait de se mettre à la place de l'autre, cela irait mieux. N'est-ce pas cela la compassion ? Se mettre à la place de l'autre – tout en sachant qu'on n'y est pas – n'est pas s'identifier à l'autre, c'est prendre le recul nécessaire pour évaluer les choses : si nous étions à cette place-là, comment aimerions-nous être aidés ?

Ce n'est pas la première fois que je constate qu'à la veille de leur mort les malades s'intéressent à ceux qui les soignent. Ils nous demandent comment nous allons, nous remercient de ce que nous avons fait pour eux, nous promettent parfois de nous aider, s'ils le peuvent, après leur mort. Ils veulent tout à coup en savoir plus sur nous.

On dirait que le centre de leurs préoccupations se déplace, s'ouvre. Presque comme s'ils voyaient le monde avec des yeux neufs. C'est tout à fait l'impression que me fait Patrick ce matin, et je sais que c'est aussi le signe de la fin.

En rentrant chez moi, le soir, je téléphone à Bon-Secours. Patrick est en train de mourir, me dit-on. Il est entouré de ses parents et de son frère.

Il arrive parfois que des malades expriment le souhait que je sois là près d'eux, au moment de leur mort. C'est une promesse que je me refuse de faire, puisque le moment de la mort est imprévisible et que je ne peux pas savoir d'avance si je serai disponible. Je sais aussi qu'ils ne seront pas seuls. Mais il m'arrive, quand je le peux, et que la demande m'en a été faite, de me déplacer, même la nuit.

Après le dîner avec mes enfants, je retourne donc à l'hôpital. Il est dix heures du soir, le service est calme. L'infirmière qui m'a accueillie pense que Patrick ne passera pas la nuit. Dans sa chambre règne cette odeur âcre que dégagent ses jambes putréfiées. Elle m'agresse chaque fois que j'entre et pourtant, au bout de quelques minutes, je l'oublie. Patrick est là, encore vivant, encore conscient. Sa mère s'est levée, pour me céder sa place, tout près de son visage penché sur l'oreiller. Je murmure que je suis venue dire adieu à son fils, je lui dis qu'il a été formidable et que je ne l'oublierai pas. Patrick a entendu mes paroles, il gémit un peu, prononce mon prénom.

« Je suis venue te remercier de tout ce que tu nous as apporté, par ton endurance. Ne t'inquiète pas, continue ton chemin », lui dis-je en caressant ses cheveux, avec toute la tendresse que j'éprouve, en cet instant, pour ce jeune homme qui va mourir. « Tu sais, c'est aujourd'hui la Saint-Patrick. » Un dernier baiser sur son front, et me voilà quittant la chambre, le laissant avec sa famille qui pleure doucement, sans bruit, et qui va rester là jusqu'au bout près de lui.

« Je veux vivre le plus consciemment possible ce passage difficile de ma vie. Chacun sait qu'après la traversée du désert s'ouvre la Terre promise. »

Ce sont ces mots, lentement inscrits sur l'écran familier, qui ouvrent aujourd'hui notre échange.

Nous savons tous maintenant que Danièle espère en sa guérison et vit sa maladie comme une période d'attente.

« Qu'ai-je à apprendre de cette drôle d'aventure ? Cette maladie qui m'oblige à rompre le flot d'activités dans lequel j'étais immergée et qui m'interdit même d'accomplir les actes les plus élémentaires : elle veut dire quoi, que je n'ai pas su entendre ? »

Danièle a beaucoup réfléchi sur le sens de sa maladie. Elle me dit que l'origine en est une peur de l'abandon. Peur qu'elle éprouvait très fort, enfant, et qui se réveillait chaque fois qu'une rupture sentimentale venait lui signifier qu'elle n'était pas la meilleure ni la préférée.

Hier soir, j'ai rencontré la sœur jumelle de Danièle, qui vit à Cuba et qui arrive pour un mois. Quand on voit Gisèle, on imagine alors très bien comment serait Danièle, sans sa maladie. Une jeune femme brune, pétillante, alerte. Toutes ces qualités qu'elle manifeste maintenant dans sa manière d'être et de vivre les choses.

Gisèle m'a parlé d'une lettre dans laquelle Danièle lui aurait confié le fantasme qu'elle avait, enfant :

« Notre vie manquait d'épaisseur dramatique. Rappelle-toi notre insistance à obtenir du père Camille le récit de "La pauvre petite fille abandonnée". De même, je m'inventais que je tomberais très malade, que ce serait très pathétique et l'occasion pour moi de recevoir beaucoup d'amour ! Qui sait si cette petite mythomanie infantile n'aurait pas laissé quelque empreinte, prête à être utilisée lorsque les circonstances de la vie s'y prêteraient. (J'avance là en toute naïveté une hypothèse sur le mécanisme de la somatisation !) Évidemment, tu devines que le scénario n'allait jamais jusqu'à la mort, car dans ce cas que serait-il resté de la jouissance ? »

Maintenant Danièle sélectionne laborieusement les lettres sur l'écran. Je me penche pour regarder. Dans cette position, à moitié couchée sur le lit, à côté d'elle, nous sommes très proches. Danièle me dit que cela lui fait du bien.

Elle avait souhaité recevoir beaucoup d'amour, et voilà que cet amour lui est donné en abondance. Mais qu'il est difficile de le recevoir. Elle me parle de l'amour de sa famille, de ses amis, de nous qui la soignons comme « d'une fontaine à laquelle elle ne sait pas boire » et elle ajoute : « Peut-être faut-il apprendre à redevenir un tout petit enfant, assez humble pour accepter le don ! »

Et ce n'est pas facile, car Danièle était à l'antipode de cela, elle aimait donner, égoïstement. Savoir recevoir demande un abandon, un lâcher prise, bref, une attitude à l'opposé de celle qu'elle a toujours eue. Son voyage actuel la conduit-elle à explorer ce domaine en friche ?

« Dans quel voyage la maladie ne nous entraîne-t-elle pas ? » Elle fait souvent allusion à cette notion de voyage. C'est qu'il est primordial pour elle d'avancer, de bouger. Comment vivre sa paralysie, sinon en bougeant intérieurement ?

Fine et intelligente, elle a décidé de relever le défi de cette maladie. « Je peux te dire mes armes : éviter toute comparaison avec le passé et apprendre à vivre ça comme un passage long et difficile. Tu vois, je ne sais pas combien d'années encore durera l'épreuve, mais il y a des leçons difficiles, qui réclament du temps. »

Parfois, Danièle pleure. De grosses larmes coulent, qui nous bouleversent.

« Avant je ne laissais pas passer l'émotion, maintenant mon virus a pris ma parole et mes muscles, je ne peux plus la contenir. »

Elle écrit combien c'est difficile d'être là sans voix, sans mouvement.

De la salle de bains de l'unité s'échappent des rires, et des chants. Je reconnais la voix de Simone, cristalline. Il doit y avoir aussi Yvonne, une autre aide-soignante qui est la reine des massages.

Cette « cérémonie du bain » rendue possible grâce à l'équipement très perfectionné, adapté aux personnes grabataires, est devenue un rite. Un rite de bien-être.

Pour les aides-soignantes, il s'agit d'un soin de base : « L'eau permet le toucher, la rencontre, c'est souvent joyeux. Nous prenons le temps, nous parlons, nous chantons. »

On imagine le bien que cela peut faire, quand on a un corps engourdi, ou qui ne bouge plus, de se sentir flotter agréablement dans l'eau chaude : cette perception nouvelle, tellement bonne, du corps. Le corps malade redevient un instant un lieu d'émotion et de plaisir. Tous ceux que l'on a cessé de toucher, comme le sont trop souvent nos malades sidéens, vivent ce bain comme une ultime restitution d'eux-mêmes, une ultime reconnaissance. Paul ne m'a-t-il pas dit, l'autre jour, combien il était sensible au fait qu'on le touche sans gants !

« Pour moi, dit Simone, quand on touche pour donner, il n'y a pas de danger ! » et « pour notre équilibre, ajoute-t-elle, c'est important de pouvoir "donner du bon". »

La porte s'ouvre. Sur le brancard bleu, je reconnais Danièle. C'était donc elle, la bénéficiaire de ce moment de fête !

J'attends que les soignants l'installent dans son lit et achèvent la toilette, pour me rendre à ses côtés. Danièle est détendue, l'œil vif, prête à écrire.

« Une toilette peut être une fête, commence-t-elle, un régal d'odeurs, de massages comme des caresses, mêlées à quelques éclats de rire complices. » Et puis : « À propos de plaisir, comment ne me suis-je jamais aperçue que bouger en est un ? Le retrouverai-je ou bien s'agira-t-il toujours d'un exercice plus ou moins compliqué ? Le mouvement, jouissance primordiale... Il faut passer par de biens grandes misères pour se reconnaître des trésors insoupçonnés ! »

En quittant Danièle, j'ai eu envie d'aller courir comme une folle, pieds nus, sur l'herbe. M'enivrer de mouvements ! J'ai pris ma voiture et je suis allée au parc de Sceaux. Il faisait doux, et je me suis aperçue que les jours allongeaient. Sur la grande pelouse qui s'étend devant le château, j'ai pris un immense plaisir à courir, à tournoyer, à sentir la terre chaude et humide sous mes pieds. J'ai remercié la vie, et Danièle, pour ce moment d'intense plaisir conscient.

Sans avoir absorbé de médicaments susceptibles d'induire un endormissement, Dimitri est entré en un sommeil médicalement inexplicable présentant toutes les apparences du coma vigile. Bien qu'il entende et réagisse au contact, il ne parle pas et paraît absorbé dans ses profondeurs. Aucun échange verbal n'étant possible, je décide de le veiller autant que je le pourrai, autant que mon travail dans le service auprès des autres malades me le permettra. Veiller quelqu'un dans un tel coma est décidément une expérience bien singulière. On perd un peu la notion du temps et de l'espace. On a le sentiment, en étant simplement là, d'être immergé dans une sorte d'éternel présent.

Cette veille patiente et calme auprès des mourants m'a toujours semblé favoriser une sorte de méditation sur la vie et la mort, un état de prière, de dialogue intime avec ce qu'il y a de plus profond en soi, ce que certains nomment Dieu, mais que je préfère appeler l'essence de toute chose, le Réel ultime.

Ce coma vigile va durer quarante-huit heures. Rares sont les moments où Dimitri émerge de sa léthargie, mais c'est chaque fois pour exprimer une profonde tendresse. Il y a quelque chose de particulièrement émouvant dans la façon dont ce vieillard, aux portes de la mort, profite de chaque instant de conscience lucide pour dispenser un geste infiniment tendre, ou pour exprimer l'infini bonheur dans lequel il se trouve, semble-t-il, comblé d'amour. « Je ne pensais pas que c'était possible... je me sens si bien », dit-il en me caressant le bras.

Nous pensons tous dans le service que Dimitri vit ses derniers moments. Sa famille, ses proches se font plus présents. C'est ainsi que l'occasion m'est donnée de les rencontrer. C'est d'abord Nathalie, sa jeune amie, qui manifeste le désir de me parler. Nathalie enseigne le russe dans un lycée. Elle a rencontré Dimitri quelques années plus tôt, lors d'une réunion chez des membres de la communauté russe de Paris. C'est une jeune femme très cultivée et très profonde, aussi discrète et intériorisée qu'il est exubérant. Certainement très différente du genre de femmes qu'il a séduites toute sa vie, petite, blonde, effacée, parlant d'une voix très douce, on la remarque à peine. Elle ne prend toute sa dimension que dans le tête-à-tête qu'on a avec elle. On découvre alors une force intérieure et une générosité hors du commun. J'apprends ainsi qu'elle a soutenu Dimitri toutes ses dernières années, alors que sa maladie évoluait, lui apportant la nourriture spirituelle dont il avait toujours eu faim. Très fine, elle a perçu la relation particulière que Dimitri a établie avec moi. Il lui a dit que ma présence calme à ses côtés lui apportait beaucoup. Elle tient à m'en remercier. En effet, « Dimitri avait très peur de la mort, depuis qu'il est ici cette peur a disparu », me dit-elle. Elle aurait aimé pouvoir lui apporter elle-même cette paix qu'il semble avoir trouvée auprès de moi.

Ces paroles me laissent songeuse. Ai-je pris auprès de cet homme une place qui revenait à cette femme ? Elle ne semble pas me le reprocher, au contraire, et sa générosité me touche profondément. Que représenté-je aux yeux de Dimitri pour qu'il me propose cette relation qui va être sans doute sa dernière relation ? Outre le fait que je lui rappelle sa mère, ne suis-je pas quelqu'un dont il n'aura pas à faire le deuil ? Quelqu'un dont il n'aura pas à se séparer ? Il ne sait rien de moi, de ma vie, n'a aucun souci à se faire quant à mon devenir après sa mort, je suis une sorte de présence humaine, hors du temps, capable de stimuler en lui un flot de tendresse. Je suis aussi quelqu'un qui peut rester là près de lui sans le retenir, sans l'attacher, peut-être la seule personne qui peut lui donner vraiment la permission de mourir. On sait à quel point il est difficile pour des proches qui vous aiment de vous laisser partir. Nathalie, malgré toute sa sagesse et sa maturité, porte dans son cœur le chagrin de la séparation à venir. Lorsqu'elle est près de Dimitri, il ne peut pas ne pas sentir le poids de ce chagrin, même si elle garde sa tristesse pour elle.

Contre toute attente, Dimitri a repris conscience. À mon arrivée dans le service, ce matin, j'ai la surprise de le trouver tout à fait éveillé, et même guilleret. Assis dans son lit, rasé de frais, en train de terminer un thé à la mangue, il m'accueille avec un sourire radieux. Il se sent, me dit-il, comme à l'aube d'une vie nouvelle. Ce matin-là, il me parle essentiellement de projets d'avenir. Suis-je déjà allée à Venise ? Non, alors il m'emmènera là-bas. Il se met alors à me décrire tous ces lieux plus beaux les uns que les autres, la lumière verte du Canal, le charme un peu triste des vieux hôtels. Il m'emmènera bien sûr à l'hôtel Danieli, le plus bel hôtel de Venise, avec vue sur San Giorgio. Il parle avec une certaine excitation, le rouge aux joues. Je l'écoute, consciente de partager un rêve, mais respectueuse de l'élan de vie et d'espoir qui se manifeste en cet instant. Il n'est pas rare qu'un mourant connaissant ce que nous appelons « le mieux de la fin » fasse ainsi des projets. C'est qu'on peut savoir que l'on va mourir et ne pas croire à sa mort. Deux pensées contradictoires cheminent ainsi côte à côte ; l'une dit : « je sais que je vais mourir », l'autre dit : « la mort n'existe pas. »

Dimitri, ce matin-là, se sait gravement malade, connaît le risque de mort qui pèse sur lui, d'autant plus que le médecin vient de quitter sa chambre en lui disant : « Nous avons bien cru que vous nous quittiez, ces deux derniers jours ! » Malgré cela, il se sent tellement vivant qu'il ne peut qu'être occupé par des pensées de vie. Ce sont ces pensées de vie que nous devons accompagner.

J'ai remarqué, quant à moi, que ces plongées dans l'inconscience qui caractérisent l'approche de la mort débouchent souvent sur un mieux-être et une transformation. Comme si un travail intérieur se faisait dans les souterrains de l'être. Je repense au rêve de Dimitri et me dis que ces deux jours et deux nuits d'apparente inconscience lui ont donné loisir de laisser son armure pour enfin nager librement.

J'ai confirmation de cette transformation lorsque je rencontre Sophie, la fille de Dimitri. Née d'un premier mariage de celui-ci avec une femme très aimée, mais qui mourut très vite, elle avait été assez tôt séparée de son père, ayant été élevée par sa grand-mère. La relation avec un père à la vie tumultueuse n'est jamais simple. Sophie en garde un mélange de frustrations et d'admiration. Elle aurait aimé savoir qui il est vraiment, le rencontrer profondément. Mais il s'est toujours fui lui-même, se cachant derrière ses nombreux masques. Voilà qu'après ces deux jours de coma, ayant sincèrement cru le perdre, elle se jette dans ses bras et se sent accueillie comme elle ne l'a jamais été. Ils restent longtemps dans une étreinte réparatrice de bien des blessures passées.

Une fois de plus, l'accompagnement de Dimitri me confirme que la période qui précède la mort peut être l'occasion d'une transformation profonde de l'être. Ce que Dimitri a cherché toute sa vie au travers d'amours multiples n'est autre que cette révélation de sa propre bonté qu'il vient de découvrir au seuil de la mort. Il aura peut-être fallu un événement comme l'épisode du vomi pour que, se sentant pleinement accepté, aimé dans son humanité, touchant ainsi à sa sécurité interne, il ose être lui-même, c'est-à-dire un être tendre et aimant.

Ainsi les jours qui suivent sont-ils marqués par cet état de grâce. Les rapports des infirmières signalent « beaucoup d'amour et de tendresse » dans la chambre de Dimitri. Plus de mesquineries, plus de petitesses, plus de « cinéma », non ! une atmosphère de sérénité et d'amour très émouvante. Nous nous relayons à son chevet, comme dans une danse d'amour. Dimitri dort beaucoup. Les médecins ne lui donnent plus très longtemps à vivre. Sans s'en douter, il aide considérablement ses proches, car il est plus facile de laisser mourir quelqu'un lorsqu'on se sent en paix avec lui. Par son attitude des derniers jours, Dimitri a permis à chacun de se mettre en paix avec lui.

C'est la veille de Pâques. Je m'apprête à partir deux jours à Taizé, avec mes enfants. Dimitri a replongé dans un coma vigile. En l'embrassant, je le remercie de m'avoir donné tant d'amour et de m'avoir fait le cadeau de sa confiance. Profondément touché sans doute, il ouvre les yeux et me donne un regard que je n'oublierai jamais. Je le sens heureux.

Dimitri est mort le jour de Pâques.

Au moment même de sa mort, j'étais allongée dans l'herbe, au soleil, sur les collines qui dominent la plaine de Cluny. Nous faisions la sieste. Je me réveillai à seize heures. En ouvrant les yeux, je vis le ciel, un beau ciel de printemps. J'eus une pensée pour Dimitri, et fus envahie d'une bouffée de joie immense, inexplicable.

En rentrant le soir à Paris, je décidai de passer par l'hôpital. J'appris alors par l'infirmière de nuit que Dimitri était mort cet après-midi-là, à seize heures précisément, entouré des siens. Je ne fus pas étonnée ni triste, ayant compris dès le début de cet accompagnement que nous communiquions d'âme à âme.

Quelques jours plus tard, j'eus l'occasion d'aller à Venise. Arrivée par le train, je pris un vaporetto et descendis le Grand Canal. Une fois débarquée, je remontais le long du Canal quand tout à coup surgit la pensée de Dimitri, et tout ce qu'il m'avait décrit de Venise. Je me trouvais à cet instant même devant un hôtel dont j'appris que c'était le Danieli. J'entrai alors dans le hall de l'hôtel et pris un café au bar, silencieusement fidèle au souvenir de cet homme qui m'avait confié cette tâche sacrée de l'accompagner jusqu'à la mort.

Quelque temps après, un de mes collègues analystes à qui je raconte l'accompagnement de Dimitri s'étonne que je puisse m'investir aussi loin dans la relation affective avec les malades de l'hôpital. Il évoque la nécessaire « distance thérapeutique », garde-fou et garantie pour le patient comme pour le thérapeute. J'ai bien sûr réfléchi à cette question depuis longtemps. Depuis le jour de mon premier accompagnement où, me trouvant au chevet d'un homme plié en deux de douleur et menaçant de se jeter par la fenêtre, j'ai su que je ne pouvais me contenter de prendre une chaise et de l'écouter à un mètre du lit. Toutes les mises en garde, les règles rigides du cadre analytique : « Ne pas toucher, ne pas parler », se sont effondrées d'un bloc. Il m'a fallu m'approcher, écouter mon intuition, parler avec mon cœur, poser mes mains sur la zone douloureuse, comme je l'aurais sans doute fait pour n'importe qui, dans cette situation.

L'accompagnement est une affaire d'engagement et d'amour. Une affaire avant tout humaine. On ne peut se retrancher derrière sa blouse de professionnel, qu'on soit médecin, infirmière ou psychologue. Il n'en demeure pas moins que cela pose la question des limites. Et qu'il importe que chacun ait conscience des siennes. On s'épuise moins, je crois, à s'engager à fond, si l'on sait par ailleurs se ressourcer, qu'à se protéger derrière une attitude défensive. Je l'ai souvent observé, les soignants qui se défendent le plus sont ceux qui se plaignent le plus d'être épuisés. Ceux qui se donnent, au contraire, semblent en même temps se ressourcer. Je me souviens d'une phrase de Lou Andreas Salomé, une des premières femmes à avoir pratiqué la psychanalyse dans le sillage de Freud : « C'est en se donnant qu'on s'obtient complètement. » Dans ses échanges, si fins et pleins d'intelligence, avec le maître de la psychanalyse, elle ne cessait de prôner que l'amour, loin d'être un réservoir qui se vide dès qu'on puise dedans, se renouvelle tout en se prodiguant.

Ceux qui, comme moi, pratiquent l'accompagnement des mourants, savent tout ce que l'on reçoit, simplement en acceptant d'entrer dans cette ultime expérience relationnelle que le mourant nous propose parfois même sans le savoir. C'est que l'enjeu de cette relation ultime semble être une tentative de se révéler tel que l'on est ou, pour employer l'expression de Michel de M'uzan[1], de « se mettre complètement au monde avant de disparaître ».

L'intensité de l'élan affectif que manifestent certaines personnes à l'approche de la mort semble être proportionnelle au sentiment d'urgence éprouvé. La personne qui sent sa mort venir n'a plus de temps à perdre. Elle s'engage pleinement et a besoin d'une réciprocité.

Je tente de faire comprendre à mon collègue incrédule combien la présence d'une personne réelle est indispensable. Il faut un autre humain pour partager cette ultime expérience relationnelle. Une personne capable d'une disponibilité et d'une présence qualitativement sans défaillance, une personne qui puisse s'exposer sans trop d'angoisse à cette demande affective. Or c'est précisément cela que l'entourage a souvent du mal à tolérer, et s'il se dérobe si souvent c'est qu'il ne comprend pas l'enjeu de cette soudaine vitalité et

---

1. Michel de M'uzan, « Travail du trépas », in *De l'art à la mort,* Gallimard, Paris, 1977, p. 182-199.

qu'il craint aussi sans doute d'être en quelque sorte entraîné par-delà la mort.

Je me souviens de cette femme d'une cinquantaine d'années qui, après avoir réclamé plusieurs semaines de suite qu'on l'euthanasie, s'était soudain ravisée et souhaitait mettre à profit le temps qu'il lui restait à vivre pour approfondir sa relation avec les siens. Face à cette demande inattendue, la famille, qui s'était préparée depuis des semaines à la mort de cette parente, s'est trouvée fort dépourvue. Devant l'incapacité de ses proches à répondre à son besoin intense de relation, cette femme s'était tournée vers quelques personnes du service, quelques bénévoles et moi-même. Sa demande affective était aussi intense qu'urgente. Il s'agissait pour elle de pouvoir déposer en des oreilles disponibles l'immense affection pour les siens, qu'elle avait jusque-là retenue. Ce besoin d'exprimer sa générosité allait jusqu'à leur pardonner de ne pouvoir, de ne pas savoir répondre à son besoin d'échange affectif.

Un tel engagement n'est possible que parce qu'il est nécessairement limité dans le temps. Il s'agit d'un temps très particulier : les derniers instants de la vie, quelques heures, quelques jours, quelques semaines parfois. Cette latitude que confère l'éphémère permet d'entrer dans « l'orbite funèbre du mourant », pour reprendre l'expression consacrée, sans angoisse excessive, avec une disponibilité qualitative réelle, car il est vrai que, à ce stade, tout retrait affectif est fatal.

Je comprends l'étonnement de cet homme, psychanalyste en ville, qui dit n'avoir jamais serré la main d'un patient. Sans doute, l'accompagnement des mourants impose un mode de relation qui ne relève pas du cadre de la psychanalyse. Cependant je maintiens qu'on peut rester analyste – c'est-à-dire à l'écoute de l'inconscient et de la dynamique psychique en jeu dans les derniers instants – et accomplir cette tâche initiatique qui consiste à s'engager totalement dans l'accompagnement d'un passage.

Ce matin, Danièle a reçu la visite d'un neurologue. Elle lui a posé des questions, dont la plus délicate bien sûr : sa maladie va-t-elle régresser ? Il lui a répondu qu'il ne savait pas.

« Je ne sais pas quel effet ont eu ses paroles », écrit-elle, tandis que, m'étant installée près d'elle, je lui demande comment elle va. « Il faut attendre. Ce n'est pas l'histoire que je me raconte, la mienne finit mieux. Vais-je changer d'histoire ou garder la mienne ? L'idéal est de ne pas en avoir, mais jusque-là, je me suis protégée par un projet de guérison. Je vais noter mes rêves : ils savent mieux que moi ! »

Tant de lucidité, de finesse me laisse toujours profondément émue.

C'est alors que Danièle a fait ce rêve :

« Je suis à la campagne. Il y a beaucoup de monde. Tout à coup, on est en terrain miné. Effectivement certains sautent sur un obus, d'autres s'immobilisent pour ne pas sauter, et moi je me dis : c'est pas une vie de rester immobile pour ne pas mourir ! j'avance donc, consciente du risque (pour vivre, il faut accepter le risque de mourir). »

Et puis elle ajoute :

« La paralysie, l'immobilité, ce n'est pas une vie ! pour en sortir, il faut prendre un risque majeur. »

« Quel risque, Danièle ? »

« Je vais te dire ce qu'à force d'expérience j'ai compris : ceux qui ont peur sont ceux qui refusent la mort. »

Que cherche-t-elle à me dire ? Elle qui semble si loin de réaliser précisément ce risque de mort pour elle.

Je me risque moi aussi avec une question : « Et toi, en as-tu peur, de la mort ? »

La réponse vient, simple et pourtant énigmatique :

« Non, je n'en ai pas peur. Il me semble que là j'irai à la rencontre de LA réponse à LA question. »

Danièle s'est arrêtée d'écrire. Je sens qu'elle cherche mon regard. Ce n'est pas facile, car elle ne peut tourner la tête. Je me déplace alors, pour être dans l'axe de ses yeux.

« Tu ne peux mieux dire ce que je ressens moi-même », lui dis-je, le cœur débordant de reconnaissance pour tant d'intelligence.

Louis est allongé sur son grand lit double, tout habillé, dans son appartement qui surplombe la Seine, et qu'il affectionne particulièrement. Je note l'élégance toujours de sa mise, mais surtout la fatigue, la lassitude sur son visage, et une large coupure au front. Il y a quelques jours, il a décommandé notre rendez-vous à la Promenade de Vénus. Il venait de tomber devant sa cheminée et s'était heurté le front, violemment. Ses jambes s'étaient dérobées soudain. Il n'osait plus sortir seul.

Assise au bord du grand lit, je me retrouve pour la première fois à son chevet. Je réalise alors que Louis est vraiment malade. Tant que nous nous retrouvions au bistro, la maladie était en quelque sorte tenue en respect, à distance. On en parlait, bien sûr, on parlait d'elle comme d'une amante lointaine. Maintenant, nous la sentons là, bien présente. Et nous parlons presque à voix basse, comme si nous avions un peu peur de la réveiller.

Louis sent que ses forces le quittent, il maigrit de plus en plus, son œil gauche n'y voit presque plus. Ce sont bien sûr les ravages du cytomégalovirus.

« Je crois que je n'en ai plus pour longtemps », me dit-il en tapotant doucement le dos de ma main, comme pour atténuer l'effet de ses paroles, puis, après un long soupir, « j'ai parfois envie de mourir ». Je sens que cela le soulage de pouvoir dire cela, mais comme s'il ne se sentait pas le droit de désirer mourir, Louis reprend : « Grâce à Dieu, je suis encore en vie ! et je souhaite passer cet été le mieux possible, pour Lila. Je ne veux pas lui gâcher ses vacances. »

L'appartement est calme. Il y a dans le regard de Louis, quelque chose qui m'incite à lui parler, une sorte de disponibilité. Le moment semble juste.

« Louis, y a-t-il des choses que tu voudrais aborder avec moi, maintenant, concernant ce que tu viens de me dire, cette proximité de ta mort ? »

J'ai appris à ne pas laisser passer ce moment, encore assez éloigné de la fin, où l'on peut parler lucidement et relativement sereinement de la façon dont on souhaite mourir et être accompagné. Bien des malades avec qui j'ai pu aborder assez tôt ces questions se sont sentis soulagés de pouvoir exprimer leur désir. Avoir à côté de soi telle ou telle personne, ne pas être réanimé ou artificiellement nourri, ou encore intubé de quelque façon que ce soit, être entouré de calme, de silence, ou au contraire de musique, être assuré qu'on prendra soin de son corps et que l'on restera propre et « présentable ».

Oui, c'est le moment, Louis me remercie d'y penser. Il ne veut pas mourir à l'hôpital, il ne veut surtout pas d'acharnement thérapeutique. Il veut mourir chez lui, au milieu de ses livres, dans l'atmosphère qu'il a connue et aimée, avec, à ses côtés, sa chère Lila. Mais il ne veut pas non plus peser sur elle, ni que ses derniers instants soient une charge pour tous. Aussi tient-il à me dire que si les choses deviennent trop difficiles à porter, il acceptera d'aller à l'hôpital du Bon-Secours, dans le service qu'il sait si humain, où il va d'ailleurs régulièrement consulter.

Louis me fait ainsi la dépositaire de ses « volontés ». Il ne peut pas pour l'instant les dire à ses proches. Il les sent pleins d'espoir encore. Ils ne voudraient pas déjà entendre parler de sa mort. Aussi les protège-t-il. Il sait que je pourrai toujours, le jour venu, transmettre ce qu'il m'a dit, s'il ne peut pas le faire lui-même.

« Ce que je redoute le plus, c'est de perdre la tête ! » Pour la première fois, je vois une vraie angoisse dans son regard. Que puis-je faire sinon recevoir cette angoisse et l'agrandir jusqu'aux étoiles ? Face à l'angoisse des autres, j'ai appris à accueillir et à offrir. Je m'inspire d'une pratique tibétaine très ancienne de la compassion : *Tonglen* (en tibétain cela signifie donner et recevoir) consiste à accueillir la souffrance, l'angoisse d'autrui, puis à offrir à son tour toute la confiance et la sérénité que l'on peut puiser en soi. Il s'agit, dans cette participation si simple à la souffrance de l'autre, d'être avec lui, de ne pas le laisser seul.

Que puis-je offrir à ce regard plein d'angoisse, sinon ma confiance ? Je ne puis le rassurer avec des mots, car ce qu'il redoute tant se produira peut-être. Je peux seulement soutenir de toute mon âme cette part de lui qui saura de toute façon faire face à ce qui lui arrive. Louis a fermé les yeux et croisé les mains sur son cœur, geste qu'il fait souvent lorsqu'il se recueille. Il sait trouver en lui-même la force dont il a besoin.

Il me faut le quitter maintenant. Bien qu'il se soit promis de tenir tout l'été, je ne peux m'empêcher, en le serrant dans mes bras, de sentir la peine que j'aurais à ne pas le revoir. Chacune de nos rencontres peut aussi être la dernière. Si cela reste vrai pour chacun d'entre nous, à tout moment, il n'en reste pas moins qu'il est bien difficile de quitter quelqu'un, lorsqu'on n'est pas sûr de le revoir. La gorge serrée, je tiens son corps si frêle contre mon cœur.

Me serrant à son tour très fort contre lui, il me dit :

« Tu sais, Marie, il n'y a rien à comprendre. Il ne faut pas chercher à comprendre, tout est mystère. Il faut seulement vivre ce mystère ! »

En dévalant l'escalier, remplie d'émotion, je note cette phrase sur le petit carnet de cuir fauve qu'il m'a offert il y a quelques mois, précisément pour que je puisse noter les pensées qui me viennent à l'esprit. Je note cette phrase, comme si elle me donnait une clé. Elle rejoint ma préoccupation intime : la souffrance a-t-elle un sens ?

En rentrant chez moi, je repense à tous ces malades qui m'ont exprimé leur révolte : pourquoi ? pourquoi moi ? Cette quête d'une cause à la maladie. Ce sentiment d'injustice. Je repense à cette jeune fille que j'ai reçue il y a quelques jours à l'hôpital, désespérée, défaite. Elle avait eu deux rapports sexuels avec un garçon rencontré dans une surprise-partie, et voilà qu'à l'occasion d'un don du sang – ce qu'elle fait tous les ans – on découvre qu'elle est séropositive ! À vingt-trois ans ! Pourquoi elle ?

Je me souviens d'une conversation récente avec le curé d'une paroisse voisine de chez moi. Cet homme est particulièrement sensible à l'épidémie de sida. Il me disait ceci : « Si chacun de nous devait récolter les fruits de ses actes, je serais en prison depuis longtemps et j'aurais été contaminé par le sida ! Pourquoi certains sont-ils touchés, pourquoi d'autres passent-ils au travers ? Il est temps de cesser de chercher une cause à la souffrance. Nous sommes dans une vallée de larmes et nous savons bien que cette vie n'est que l'antichambre de la vraie Vie. »

Cesser de se demander « pourquoi ? », comme le dit Louis, il n'y a rien à comprendre. S'interroger sur le « pour quoi ? », sur la finalité d'une souffrance semble, en effet, être la seule façon de donner un sens. Pour quoi ? Vers quels chemins, vers quelle expérience de vie, vers quelle conscience me mènent ma maladie ou ma souffrance ? Est-ce que je peux en faire une occasion de lumière et d'amour ? Louis m'a confié un jour que sa maladie l'avait conduit à l'essentiel. Il s'était senti sculpté par elle. Jusqu'à devenir capable de joie et d'humilité. Jusqu'à laisser tomber tous ces trop-pleins de vanité, d'avidité, de prétentions si ridicules quand on mesure la précarité de la vie, l'impermanence de toute chose. Sa vie est devenue une lente renonciation, qu'il dit totale et douce, comme l'évoque Pascal dont il lit et relit le *Mémorial*: « Joie, joie, joie, pleurs de joie. » Oui, plus il sent la maladie le réduire, plus il éprouve cette joie, insensée, intime. Qui peut comprendre cela ? Dans les dernières lignes d'un essai qu'il vient d'achever, retraçant la vie d'un aventurier inconnu, il dit, à propos de l'agonie de cet homme, ce qu'il a du mal à dire de lui-même, par pudeur, par discrétion: «Tout son être se desséchait et pourtant son cœur brûlait, brisé mais illuminé.»

«Je n'ignore rien de cette violence que mon aspect extérieur éveille: violence de la peur, de la révolte ou tout simplement de la peine.»

Danièle m'a fait transmettre ce petit mot. Elle veut que je sache qu'elle perçoit tout de l'angoisse de son entourage. Mais, paradoxalement, deviner cela lui permet de se sentir moins seule. Car elle aussi éprouve ces sentiments mais ne peut les extérioriser.

Il y a justement près d'elle Jean-Marie. Un homme qu'elle a aimé, avec lequel elle a connu les joies de l'amour et les peines de la séparation, mais qui est là maintenant à ses côtés, car si la vie nous sépare, les liens du cœur ne meurent jamais.

À Jean-Marie, qui ne peut parfois retenir les larmes qui lui viennent aux yeux, elle écrit ceci:

«Je ne peux parler qu'à ceux qui ont du chagrin comme toi. Peut-être faut-il le laisser s'exprimer, oui, puisqu'il est là: après tout, on a droit à ça, toi comme moi. Mes mains ont tellement envie de se joindre à tes mains, mes lèvres de te parler, de te sourire normalement. »

« La science m'abandonne à nouveau, il ne me reste plus que la foi. » Ainsi Danièle ouvre-t-elle notre échange d'aujourd'hui. Elle semble de plus en plus comprendre que la médecine est pessimiste.

Danièle n'a reçu aucune éducation religieuse, d'une famille d'origine juive polonaise non pratiquante, elle se présente comme athée.

Ses premiers contacts avec une certaine forme de spiritualité se sont faits, il y a huit ans, un peu au hasard, par la lecture de Krishnamurti. Depuis, chaque fois qu'elle est confrontée à une épreuve, elle se fait lire des passages de lui et y puise une force certaine.

Elle dit apprécier particulièrement cette recherche d'unité à l'intérieur de soi, entre soi, les autres et le milieu naturel, à laquelle il invite. Elle approuve sa mise en garde contre toute soumission à quelque gourou ou secte à la mode. Elle a lu aussi René Guénon et Julius Evola.

Rien, dit-elle, ne lui est plus étranger que la prière. « En admettant qu'il y ait un créateur derrière la création, je le crois occupé à bien autre chose qu'à tendre l'oreille vers nos balbutiements. »

Cependant elle a découvert pour la première fois une sorte de méditation, en se laissant envahir par le silence vivant de la nature et sa beauté.

Dieu ? Elle n'y croit pas. « Je ne crois ni en un Dieu de justice, ni en un Dieu d'amour. C'est trop humain pour être vrai. Quel manque d'imagination ! Mais je ne crois pas pour autant que nous soyons réductibles à un paquet d'atomes. Ce qui implique qu'il y a autre chose que la matière, appelons ça âme ou esprit ou conscience, au choix. Je crois à l'éternité de cela. Réincarnation ou accès à un autre niveau tout à fait différent... Qui mourra verra ! »

C'est la première fois que Danièle exprime aussi largement ses préoccupations spirituelles. On sent, dans l'énergie qu'elle déploie en écrivant cela, combien cet acte-là – peut-on dire qu'elle est en train de nous livrer son testament spirituel ? – est important pour elle.

« Si j'ai depuis toujours l'espoir d'un au-delà après la mort, je trouve naïf de lui supposer la même forme que la vie aujourd'hui. »

Elle a lu les livres qui font état d'une convergence entre la physique moderne et la sagesse orientale. Mais elle pense que l'on est encore loin du temps où l'une expliquera l'autre. Et de conclure avec humour :

« Il n'est peut-être pas plus mal que l'acte de foi ne soit pas remplacé par l'acte de raison. »

L'approche de la mort réactive parfois les peurs, les insécurités anciennes. On peut comprendre qu'en perdant ses défenses, ses modes de protection, on devienne vulnérable à l'extrême. On voit parfois surgir des douleurs ou des terreurs qui remontent à la plus tendre enfance. L'être humain ne cherche-t-il pas cette protection, cette sécurité qui lui a fait défaut ?

Dans la chambre 775, Christine traverse ainsi des moments de terreur incontrôlables et tout à fait imprévisibles. Cette jeune femme d'à peine trente ans, qui meurt d'un cancer de l'utérus généralisé, est parfois saisie de panique. Elle voit dans sa chambre une multitude de serpents qui montent à l'assaut de son lit. Elle saute alors de sa couche et pousse des hurlements. La scène s'est déjà produite plusieurs fois. Le service est en émoi, les malades dans les chambres voisines s'affolent : que se passe-t-il ?

Malgré un traitement adapté à ce genre d'hallucinations, les terreurs persistent et cèdent généralement au bout d'un moment. Le reste du temps, Christine est assez sereine, je dirais même qu'elle fait parfois preuve d'une maturité surprenante dans la façon de vivre cette dernière phase de sa vie. Une maturité qui contraste fort avec ses paniques infantiles. Elle parle ouvertement de sa mort et se préoccupe de l'avenir de son fiancé, lui répétant souvent qu'elle souhaite qu'il fasse rapidement sa vie avec une autre femme.

Ce matin, alors que j'arrive dans le service, je vois Christine hagarde, au milieu du vestibule, hurlant de toutes ses forces, difficilement retenue par le Dr Clément et Simone qui, lui tenant chacun un bras, essaient de l'empêcher de fuir le service. Car c'est ce qu'elle cherche à faire.

Je viens naturellement prêter main-forte. Christine hurle que les serpents la poursuivent, elle supplie qu'on la protège. Sans trop réfléchir, je la prends à bras-le-corps. Elle est d'ailleurs si légère que je n'ai aucun mal à la porter dans mes bras, jusqu'au petit salon attenant. Là, je m'effondre sur la banquette et, la tenant toujours serrée contre moi, je commence à la bercer doucement en chantant son prénom. Le Dr Clément, après s'être assuré que je n'avais pas besoin de lui, a refermé la porte, car Christine continue à crier aussi fort, mais elle ne cherche pas à s'en aller. Je sens qu'elle accepte de rester assise sur mes genoux, je pense même qu'elle se sent en sécurité, mes bras autour d'elle, la protégeant contre cet invisible danger.

Tandis qu'elle continue à crier, je la berce contre moi, toujours fredonnant son prénom, doucement.

Elle ne crie plus, maintenant, mais sanglote à gros bouillons, la tête enfouie dans mon cou, comme un enfant. Puis, d'une voix de toute petite fille, entrecoupée de pleurs, elle me raconte les terreurs de son enfance. Sa mère collectionnait des serpents vivants dans de grands bocaux de verre et les laissait sortir chaque fois que Christine n'était pas sage. J'ai peine à croire une telle cruauté, peine à croire qu'une mère puisse être aussi folle. Peu importe d'ailleurs la part de fantasme ou de réalité ! Ces peurs font bel et bien partie de l'enfance de Christine. Je n'ai pas autre chose à faire qu'à lui permettre de réaliser qu'il existe aussi des lieux où l'on peut se sentir en sécurité. Il y a aussi pour elle un espace sûr. Pour le moment, c'est celui de mes bras, dans un moment ce sera ailleurs. Que puis-je sinon lui permettre de vivre cela, le sentiment de sécurité ?

Ses pleurs ont maintenant cessé. La jeune femme joue avec le papillon en perles bleues tressées par des enfants leucémiques que je porte sur le revers de ma blouse blanche, la tête toujours calée contre mon épaule. Je caresse ses longs cheveux blonds qui lui arrivent au milieu du dos.

« Si tu veux, je te le donne, lui dis-je, les papillons ne se font pas attraper par les serpents, il te protégera. » Ainsi mon papillon servira d'objet transitionnel. Le psychiatre anglais Winnicott nomme ainsi l'objet que l'enfant peut garder avec lui et qui lui permet de supporter l'absence de sa mère, dans la mesure où il l'investit des qualités de celle-ci.

Avant de raccompagner Christine, qui a retrouvé son calme, dans sa chambre, je lui dis aussi que le papillon est le symbole de l'âme, de cette essence même de l'humain qui échappe aux lois de la biologie, ce que je crois être la part d'éternité de l'homme. Christine n'a aucun mal à recevoir l'interprétation que je lui propose : elle aussi croit à l'éternité de son âme.

Dans la chambre voisine gémit un homme d'une soixantaine d'années. Tourné vers la fenêtre, en position fœtale, il souffre.

Depuis son arrivée, hier soir, il se plaint de douleurs vives dans les reins. En lisant le rapport de nuit de l'infirmière, je constate que l'on a légèrement augmenté la morphine. Cependant le docteur s'étonne. Cet homme souffre d'un cancer du poumon et, même s'il a des métastases osseuses, cela n'explique en rien ce qu'il décrit comme des douleurs pelviennes intenses, un peu comme des contractions d'accouchement.

La chambre est dans l'obscurité presque totale. Les stores sont restés baissés à la demande du malade. Tout, dans son attitude, montre qu'il désire se replier, se soustraire au monde extérieur. On dirait qu'il cherche, en se mettant ainsi en boule, à rentrer dans une coquille imaginaire.

Je suis entrée sur la pointe des pieds et j'ai fait le tour du lit. M'a-t-il entendue ? Il semble que oui, car il entrouvre les paupières. Je lui souris. Il fait mine de tendre la main, ce que je reçois comme une invitation à rester. Je me suis rapprochée et, après avoir posé ma main très doucement sur sa hanche, je lui demande s'il peut me faire une place sur le lit, sans changer de position.

« Je vais m'asseoir là, dans ce petit creux, dis-je en prenant place sur le lit, comme ça, vous pourrez vous enrouler autour de moi. » Il se recroqueville, en effet, un peu plus contre moi et, tandis que je lui demande où il souffre exactement, il m'indique toute la région lombaire. Assise comme je le suis, je peux maintenant lui masser doucement la zone douloureuse et le bercer légèrement.

Il semble apprécier et pousse des soupirs de soulagement. « Cela me fait du bien, dit-il, vous savez, j'ai l'impression de souffrir comme une femme en couches. »

À peine a-t-il prononcé ces mots que le voilà pris de sanglots convulsifs. Je reste là, calmement. Je sais, pour l'avoir observé si souvent, que le seul fait d'être touché avec respect et tendresse déclenche parfois de fortes réactions émotionnelles. C'est que la peau a une mémoire, et il arrive qu'un contact *bon* et *confirmant* réveille une peine, un manque très anciens.

« Que se passe-t-il ? lui demandé-je.

– En vous disant cela, j'ai pensé à ma mère, et cette pensée me fait très mal. Je suis un enfant non désiré, et ma mère a tenté tout ce qu'elle a pu pour se débarrasser de moi, dans les premiers mois de sa grossesse. Elle ne m'a jamais aimé, et je crois que je mourrai sans en être consolé. »

Comment mourir, ai-je pensé, quand on a le sentiment de n'avoir pas été accueilli dans la vie ? Il me semble maintenant que cet homme d'un certain âge, ayant pris cette position fœtale, nous envoie un signal de détresse : je ne peux m'abandonner avec confiance dans les bras de la mort tant que je n'aurai pas éprouvé de mon vivant le sentiment d'être accueilli dans des bras maternels.

Il faut aussi que l'angoisse, le désespoir, la douleur puissent se dire et parfois se crier. Autour du mourant, il y a trop souvent dans les hôpitaux une tendance à empêcher toute expression émotionnelle. Grâce à toute une batterie de calmants, on fait tout pour que le mourant fasse le mort. Il faut qu'il reste calme et en repos. On l'enveloppe de silence, quand ce n'est pas de mensonge, protégeant les vivants contre la voix qui viendrait briser ce mur pour crier : « J'ai peur, je vais mourir, je souffre. »

Oui, trop souvent cette voix est étouffée. Que peut-on dire ? que peut-on faire face à ce cri ? On étouffe ce cri, parce qu'on ne supporte pas de ne rien pouvoir faire. Qui nous demande de faire quelque chose ? Celui qui va mourir nous demande-t-il de l'empêcher de mourir ? Ne nous demande-t-il pas plutôt de pouvoir dire sa douleur et sa peur, de pouvoir sortir son cri ?

Les amis avec lesquels je dîne ce soir et qui appartiennent pour la plupart au milieu intellectuel parisien se font une idée fausse des soins palliatifs. Ils y voient une tentative – feutrée, douce – de masquer l'aspect pénible et sordide de la mort. L'un d'eux emploie même l'expression de « mouroir de luxe ». On parle de déni de la souffrance, quelqu'un s'appuie sur l'étymologie du mot pallier (*pallium* en latin signifie manteau) pour étayer son argument de recouvrement de la souffrance. Je bataille dur pour tenter de détruire cette image fausse. Non, nous ne mettons pas un couvercle sur la souffrance des autres, comme pour refuser de la voir, de l'entendre, et, si nous l'entourons, c'est d'un manteau de chaleur et de tendresse, pour qu'elle soit un peu plus légère à porter. Je cite cette sourate du Coran, découverte récemment : « Que la tendresse te recouvre, toi l'autre, comme d'un manteau. »

Et je pose la question : « Entourer les épaules de celui qui souffre d'un manteau, est-ce pour autant nier cette souffrance ? »

Je raconte aussi comment nous avons accueilli une femme convertie au bouddhisme et qui avait demandé, dès son entrée dans le service, à ne pas recevoir d'antalgiques. Elle avait sa manière à elle de fabriquer des endorphines, en répétant le son « OM ». Je ne connais pas beaucoup de services qui auraient respecté son souhait et auraient accepté, comme nous l'avons fait, d'entendre à longueur de journée cette mélopée douloureuse que devenait parfois la récitation de ce mantra. Certaines infirmières allaient même accompagner cette femme, en chantant avec elle ces voyelles sacrées : « AOUM. »

Gisèle, la sœur de Danièle, est repartie à Cuba. Cette séparation est un deuil douloureux pour les deux jumelles. Danièle a accusé le coup. Elle a de la fièvre et se réfugie sous les couvertures. Elle pleure souvent et écrit peu.

Cet après-midi, nous avons écouté ensemble le *Requiem* de Fauré, dont elle a dit un jour : « Si une musique doit conduire à Dieu, c'est bien celle-là ! »

Je l'ai bercée tout au long, elle était comme une petite fille en peine.

La fièvre est tombée. Danièle est à nouveau à son ordinateur. Que serait sa vie, si elle n'avait ce moyen de communiquer avec nous ?

Elle s'inquiète de son entourage qui s'épuise auprès d'elle. Il est vrai que cette obligation de présence constante à ses côtés est bien lourde à assumer, maintenant que Gisèle est partie. Elle craint de peser sur ceux qui l'entourent :

« On dépasse les limites sans s'en rendre compte, et les relations se dégradent, prévient-elle, je me nourris à vos vies, alors vivez ! »

Dans la chambre d'à côté une vieille dame de quatre-vingt-douze ans est en train de mourir. Sereinement.

Me prenant les mains, elle me dit ceci :

« Mon enfant, la vie se donne à ceux qui la prennent à bras-le-corps. N'ayez peur de rien, vivez ! vivez tout ce qui se présente, car tout, tout est don de Dieu ! »

Il y a de la passion, de la flamme dans cet ultime message de vie. Je suis de passage dans cette chambre, presque une inconnue, et voilà que cette vieille dame mourante me destine cette parole de vie.

Je suis sortie de la chambre avec une forte envie de vivre et d'aimer. J'ai le sentiment que cette vieille femme vient de souffler de toutes ses dernières forces sur ma propre flamme de vie. Un cadeau inattendu.

Les amis de Danièle ont trouvé un jeune garde-malade pour assurer les nuits près d'elle. Il s'agit d'un beau jeune homme d'origine orientale. Le contact s'est établi d'emblée. Il sait parler à Danièle, il est surtout là avec sa présence calme et rassurante. Sa familiarité avec la médecine chinoise, et la notion d'énergie vitale, lui permet de solliciter Danièle d'une manière toute nouvelle. Il l'invite à bouger avec son âme ! Certes, ses muscles ne répondent plus, mais elle peut sentir, aller vers lui, se tendre de tout son être, de toute son âme vers lui ! Voilà une manière de penser nouvelle, créatrice, qui a tout pour revivifier notre malade. Elle a vite fait de tomber amoureuse de ce bel homme et de goûter le bonheur de se sentir un cœur vivant.

Le plus extraordinaire est que les médecins ont constaté des progrès musculaires ! Danièle en est tout émoustillée.

« Je tourne ma main placée paume en l'air ! C'est dérisoire et extraordinaire. J'y mets toute ma force et y accroche beaucoup d'espoir. Le cours de l'histoire s'inverse peut-être, au moins je veux le croire. Ici tout le monde est très enthousiaste. Cela amplifie l'espoir. Personne ne crie au miracle, mais on m'encourage par l'attention qu'on manifeste. Pas de discours ! Simplement on dit "montre" avec un grand sourire, quand cette misérable chose a accompli son saut (ce qui me fait chaque fois penser au dernier hoquet d'un gardon malchanceux échoué sur le rivage). » Quel humour !

C'est vrai que toute l'équipe est intriguée par des progrès qui semblent remettre en question le diagnostic de sclérose amyotrophique latérale. Si Danièle commence à récupérer, ne faudrait-il pas l'orienter vers un autre service, un service de rééducation ? La question se pose.

Montréal. Le congrès sur le « Processus de guérison par-delà la souffrance et la mort » se termine. Le dalaï-lama est venu présider la séance plénière de clôture. Je suis assise au premier rang à côté de Luc Bessette. L'organisateur audacieux de cet immense congrès m'a gentiment proposé cette place. Plus de mille cinq cents personnes sont venues pendant deux jours réfléchir autour des questions que soulèvent la maladie et la mort. Pour la première fois, un congrès scientifique international fait une large part à l'apport des traditions orientales et des techniques méditatives.

Le brouhaha s'est estompé dans l'immense salle des congrès, car Sa Sainteté le dalaï-lama est arrivé sur l'estrade. On voit monter par les marches sur le côté un jeune garçon très frêle, le crâne chauve, presque diaphane. On voit qu'il s'agit d'un enfant malade, bien qu'il soit debout, très droit. Une femme le guide jusque devant le dalaï-lama, prononce quelques mots, et nous voyons le saint homme se pencher vers l'enfant. Les deux crânes chauves, l'un tanné et brun, l'autre d'un blanc presque transparent, sont maintenant front contre front. Il y a quelque chose d'infiniment émouvant dans cette rencontre entre un vieux sage et cet enfant malade. Un homme, au micro, nous explique que l'enfant est atteint d'une leucémie et que sa vie est en danger, car les traitements ont tous échoué. Le plus grand désir de l'enfant était de rencontrer un jour le dalaï-lama. Ce désir est donc exaucé aujourd'hui.

Le vieux moine place l'enfant à la table de conférences, à sa droite, et les dernières interventions du colloque se succèdent au micro. Arrive enfin le temps des questions posées par la salle. Luc Bessette s'adresse alors à l'enfant et lui demande : « Peux-tu nous dire ce dont tu as le plus besoin, au point où tu en es arrivé de ta maladie ? Peux-tu nous dire aussi ce que la mort signifie pour toi ? »

On voit alors l'enfant prendre le micro et, avec une autorité intérieure certaine, répondre d'une voix calme et étonnamment posée : « J'ai besoin que l'on soit avec moi, comme si je n'étais pas malade. Que l'on rie, que l'on s'amuse avec moi, qu'on soit naturel ! Je sais que je suis sur terre pour un temps limité, pour apprendre quelque chose. Lorsque j'aurai appris ce que je suis venu apprendre, je partirai. Mais dans ma tête, je ne peux pas imaginer que la vie s'arrête ! »

Voilà comment mille cinq cents personnes savantes ont reçu, cet après-midi-là, la plus belle leçon de sagesse et de simplicité qui soit. Une parole d'or dans la bouche d'un enfant condamné par la médecine. Un immense frisson a couru dans la salle, suivi d'un profond silence. Il y avait des larmes dans bien des yeux. Le vieux moine s'est levé et s'est penché vers l'enfant, comme il se serait incliné devant un maître. Il a entouré ses épaules d'une écharpe blanche et l'a béni. Des applaudissements sans fin ont soulevé la salle qui ne savait pas comment dire autrement l'émotion intense qui était la sienne.

Quittant Montréal, j'ai envie d'aller passer quelques jours dans cette maison d'accueil pour personnes atteintes du sida, qui se trouve à Québec. C'est une structure originale, dont nous n'avons pas l'équivalent en France, car les pouvoirs publics ont toujours été opposés à la création de lieux spécifiques pour les personnes atteintes par le virus. Les arguments sont toujours les mêmes : pas de « sidatoriums » (le mot est de Le Pen), pas de lieux d'exclusion ! Par volonté de ne pas faire de ségrégation, les projets de maisons d'accueil, comme celles qui ont vu le jour au Canada, ont été jusqu'à très récemment systématiquement rejetés. Alors qu'ils pourraient être des lieux d'une humanité rare. Les choses commencent cependant à bouger. Un projet de maison de soins palliatifs pour sidéens en phase terminale s'est concrétisé à Gardanne, en Provence. La directrice du projet m'a contactée pour me demander de participer à la formation de la future équipe. C'est un peu dans la perspective de cette formation que je me rends aujourd'hui dans la maison Marc-Simon.

Jocelyne, la religieuse qui dirige cette maison, est venue m'attendre à l'arrivée du car qui m'amène de Montréal. Je l'ai déjà rencontrée plusieurs fois, et sa bonté rayonnante m'a laissé une impression forte. Il n'y a rien chez elle de la religieuse à l'étroit dans son dogme, bigote et compassée. Non, elle respire la vie et la générosité. C'est tout simplement une femme disponible à la souffrance des autres, discrète et bonne. D'ailleurs, les résidents de la maison Marc-Simon ne s'y trompent pas : ils l'aiment.

« On vous attend avec joie », dit-elle. Et je suis sensible à cette manière qu'elle a de m'ouvrir ses portes. Sa petite voiture s'arrête devant un pavillon tout à fait ordinaire, familial, entouré d'un petit jardin. Nous sommes arrivés.

Jocelyne me fait remarquer l'ascenseur qui a été rajouté cette année, pour permettre aux résidents invalides de pouvoir rester jusqu'au bout. La maison dispose de dix chambres réparties sur deux étages. Au rez-de-chaussée, une grande cuisine, attenante à la salle à manger, qui est de fait la pièce la plus utilisée de la maison. Je salue Lise, une jeune femme avenante qui a la charge des repas. Elle est en train de confectionner un gâteau au chocolat, et une délicieuse odeur envahit la maison. On sent qu'elle aime ce qu'elle fait. Le salon donne sur le jardin. Je salue un grand garçon enfoncé dans un fauteuil, une couverture sur les jambes. Il semble très affaibli, mais il a sur le visage cette expression calme et ouverte qui m'émeut tant chez ces jeunes malades condamnés. Un homme plus âgé, qui pourrait être son père, lui parle doucement. Je suis impressionnée par la tendresse qui se dégage de leur tête-à-tête. À côté du salon, le fumoir où deux garçons amaigris, mais encore valides, tirent sur leurs cigarettes, en échangeant des propos que je ne comprends pas, tant leur accent québecois est prononcé. Je sais qu'il me faudra quelques jours pour me faire l'oreille à ce français-là. Jocelyne me fait visiter la maison, me présentant aux uns et aux autres. Je pourrais rencontrer les résidents – c'est ainsi qu'on nomme les malades –, les familles, les bénévoles qui se succèdent dans ce lieu, offrant un peu de leur temps et de leur présence.

D'emblée, je suis saisie par le caractère familial de la maison. Ici, il n'y a aucune trace du monde médical. On finit même par oublier la maladie. Cette impression s'accentue encore au moment du repas. Les uns après les autres, les résidents descendent et s'installent autour de la table. Arrive un homme qui peut à peine se tenir encore dans son fauteuil roulant. Pourtant il tient à descendre à table. On dirait un jeune vieillard. Il ne touche presque pas aux quelques bouchées de purée que Lise a mises dans son assiette. Peu importe, il s'agit pour lui d'être là, avec les autres. De ses grands yeux attentifs, il suit la conversation. Lise vient d'apporter une soupière fumante. Un résident qui termine sa deuxième année dans la maison, et qui est manifestement le plus ancien, me fait remarquer combien cette soupière représente à leurs yeux tout ce qu'ils aiment dans cette maison, la convivialité, l'atmosphère chaleureuse.

On me demande de raconter ce que j'ai fait à Montréal. Je leur parle de cette dernière séance du congrès et du message de l'enfant leucémique. L'homme au fauteuil roulant me regarde avec intensité. « L'enfant a raison », lâche-t-il dans un soupir. Je remarque aussi que Lise a tenu compte des goûts et des préférences de chacun. Elle prépare ainsi chaque jour une infinité de petits plats, décorés avec soin, attentive au plaisir des yeux, car beaucoup ne peuvent plus vraiment manger, mais continuent à venir à table, comme s'il suffisait de se nourrir les yeux et le cœur. Des propos s'échangent avec naturel, parfois graves, parfois légers, entre ces hommes qui vivent ici leurs derniers moments. Il y a parfois des silences, qui ne sont pas lourds, on sent simplement qu'ils sont nécessaires. Personne ne cherche à les combler bêtement.

C'est un lieu où l'on vit, ici, où l'on vit vraiment.

Je me lève de table, émue, émerveillée. Pendant le temps qui suit le repas, où chacun semble être allé dormir, je bavarde avec Lise, qui range la vaisselle. Elle me dit que ce lieu est un lieu de miracle quotidien. Les résidents se soutiennent les uns les autres, et elle reçoit tous les jours des leçons de vie et de solidarité. Elle est encore très émue par la mort d'un certain Jean, la semaine dernière. Elle a envie de m'en parler. Nous nous asseyons à la table maintenant déserte de la salle à manger, avec un café. Elle raconte :

« Jean, c'était un danseur. Il est arrivé ici avec un Kaposi géant, qui avait gagné ses jambes et tout le bas-ventre. C'était affreux à voir, cette putréfaction. Et il souffrait. Bien sûr, on arrivait à le soulager avec la morphine, mais il faisait un immense effort pour venir à table. Et, une fois là, il nous racontait des histoires, il nous faisait rire. Il avait une force morale incroyable. Je suis sûre d'une chose, c'est qu'il a donné du courage aux autres. Il leur disait : "Allez les gars, nos corps foutent le camp, mais notre âme est libre." Il avait la joie de vivre. »

J'écoute Lise, et je pense à Patrick, à Louis, à tant d'autres qui nous enseignent l'essentiel.

« Juste avant de mourir, Jean a appelé son ami. Il lui a demandé de lui tenir les mains et de danser avec lui. Il voulait rester jusqu'au bout le danseur qu'il était. Jean s'était légèrement soulevé et, de toute son âme, il faisait danser ses bras, avec l'aide de son ami, qui pleurait toutes les larmes de son corps, tellement c'était émouvant. "Danse, danse", répétait son ami, tandis que leurs bras réunis se berçaient de gauche à droite. Et puis Jean a souri, un sourire magnifique, sublime, avant de s'effondrer sur l'oreiller. Il venait de rendre l'âme en dansant.

« Il y avait dans la chambre plusieurs résidents, qui vont eux aussi mourir prochainement. Ils ont dit que la mort de Jean leur avait ôté toute inquiétude concernant le moment même de la mort. Ils savent que s'il y a beaucoup d'amour et de tendresse autour d'eux, les choses se passeront comme elles doivent se passer, simplement, peut-être même comme ils désirent au fond d'eux-mêmes qu'elles se passent. Mais cela, ils le disent avec pudeur, comme si ce genre de conviction ne devait pas se crier sur tous les toits.

« Ce sont ces moments forts qui nous donnent la force de continuer à travailler ici. Parce que c'est tout de même dur, très dur, et usant. De les voir diminuer, s'affaiblir, et nous quitter. On a parfois le vertige, ce défilé qui n'en finit pas de jeunes qui dépérissent jusqu'à la mort ! Ça ne s'arrêtera pas !

Quand vraiment je suis à bout, que je doute de l'utilité de ce que je fais, je vais ouvrir la boîte à consolations, une boîte où on range les lettres des familles qui nous remercient de ce que nous avons fait, ou bien on y met des beaux textes, des textes qui font du bien, au cœur, à l'âme ! »

Il le souhaitait très fort. Louis a donc passé l'été. Mais le retour dans un Paris désert et vide, comme Paris peut l'être au mois d'août, est pénible. Louis ne peut presque plus quitter son lit, tant le moindre effort lui coûte de fatigue. Lila est retournée à son travail. Il passe donc seul la plus grande partie de la journée, seul allongé sur son grand lit, un livre dans les mains, un livre qui échappe parfois de ses mains, car il s'endort maintenant de façon inopinée.

Ce qu'il redoutait tant arrive. Louis perd le sens des choses. Il devient confus dans ses propos. On sent que ses repères lui échappent. Dès mon retour, je me hâte d'aller le voir. C'est Lila qui m'ouvre, et je vois à son regard que la situation est grave. La voilà dans mes bras, en pleurs. Le médecin, dit-elle, parle de vieillissement prématuré du cerveau. C'est ce diagnostic irréversible qui l'affecte si profondément :

« Tu comprends, dit-elle entre deux sanglots, il oublie tout, il confond tout, lui qui est si brillant, si fin ! La pensée que nous ne pourrons plus jamais communiquer comme avant me fait si mal ! »

Le médecin a parlé aussi de soins palliatifs, et Lila a compris que Louis entrait maintenant dans la dernière phase de sa vie. Il lui faut donc faire un double deuil. Se préparer à la mort de Louis et faire le deuil d'une communication intellectuelle tout en nuances avec lui.

« Lila chérie ! »

Je serre dans mes bras cette jeune femme et son chagrin. Je sens moi aussi une peine infinie. Comment l'aider ?

Louis m'accueille avec une émotion évidente. Il tremble de tout son corps et un flot de paroles incompréhensibles semble vouloir me dire quelque chose. Mais j'ai beau tendre l'oreille, capter par-ci, par-là quelques mots qui traceraient une piste, je m'épuise à vouloir comprendre. Alors, je me fais plus proche, et il vient se blottir contre moi. Je sens qu'il a besoin d'un contact tendre et silencieux. Il aime que je pose doucement mes mains sur ses yeux malades et sur tous ces lieux du corps qui le font souffrir, ses jambes, son plexus noué. Il aime ce contact plein de respect pour sa personne, il sent qu'il reste une âme vivante. D'ailleurs n'a-t-il pas une fois qualifié cette sorte d'hommage de mes mains de « caresse de l'âme ».

C'est qu'en effet j'ai développé peu à peu au contact de mes malades si rétrécis et si souffrants à l'intérieur de leur corps en ruine une approche tactile, un « toucher » de la personne qui leur permet de se sentir entiers et pleinement vivants. Comme s'il fallait entourer cette peau douloureuse d'un corps mourant d'une seconde peau, plus subtile, plus aérienne. Une peau psychique, une peau de l'âme.

Rien ne remplace parfois le contact d'une main. On se sent alors vraiment rencontré. Maintenant que je tiens entre mes mains le visage de Louis, que je reçois ce visage abandonné, dont les traits s'adoucissent, dont la peau se réchauffe, je me sens vraiment en contact avec lui. Rien n'est dit, mais nous sommes ensemble.

Je dis souvent aux infirmières qui gardent les bras raides et tendus tout en faisant des soins qu'il suffit d'arrondir les bras, de faire une corbeille de ses bras, pour qu'un peu de délicatesse et de tendresse passe dans leur geste. Toute la chaleur du cœur peut s'éveiller et se répandre jusqu'aux mains.

Ce contact d'âme à âme, il faut oser l'avoir, le proposer, le vivre. C'est ce que j'ai envie de dire à Lila en sortant de la chambre. L'univers de Louis s'est rétréci, certes. Son corps est presque en voie de disparition. Sa pensée régresse. Mais il reste le cœur et l'âme, tous deux intacts. Ne dirait-on pas qu'à la fin de la vie s'opère une distribution différente de l'énergie vitale ? S'il y a une perte sur les plans physique et intellectuel, n'observe-t-on pas un gain sur les plans affectif et spirituel ?

N'est-ce pas justement parce que l'univers de celui qui va mourir se rétrécit, que ses jours sont comptés, que les derniers échanges, les mots qui restent possibles, les regards, la sensation d'une peau sur la peau, tout cela devient irremplaçable ?

Où peut-on rencontrer Louis maintenant, sinon dans les bruissements de la vie affective ? Quel sens sa vie peut-elle avoir maintenant qu'il ne peut plus lire, ni exprimer une pensée cohérente ? D'aucuns diront qu'une vie qui ne permet plus d'être fidèle à soi-même ne vaut plus la peine d'être vécue. On crie à la perte de dignité. Aussi oublie-t-on toutes ces ressources insoupçonnées qui dorment dans les souterrains de l'être, toutes ces richesses que nous n'avons pas exploitées, parce que nous en avons privilégié d'autres. Toute cette vie intérieure, intime, affective, spirituelle. Il y a sûrement encore beaucoup à apprendre, à la fin d'une vie, de ces registres de la personne humaine si négligés dans notre monde. Il y a peut-être beaucoup à enseigner aux autres sur ce plan, quand on va mourir. Je sais bien tout ce que je reçois et tout ce que j'apprends de ceux qui ne peuvent plus rien faire, sinon être là. De ceux qui n'ont plus rien à offrir que leur sourire, ou leur regard grand ouvert, ou encore leur manière si délicate de se laisser soigner. Ils m'ont appris à être plus simple et plus humaine.

Je suis maintenant assise dans le petit salon gris qui jouxte la chambre de François Mitterrand, à l'Élysée. Le Président, dont j'ai pris des nouvelles hier au téléphone, m'a proposé de passer le voir. Il vient de quitter l'hôpital Cochin. Je sais comme tout le monde, par la presse, qu'il vient d'être opéré d'un cancer. « J'aurai bientôt besoin de vos soins palliatifs ! » m'a-t-il lancé.

La pièce est surchargée de livres, de tableaux, de sculptures. Ce sont les cadeaux que le Président reçoit et qu'il garde dans cet endroit aux murs sombres, avant de les envoyer dans ce musée de la Nièvre qui est destiné à les recevoir. Tout est silencieux, en ce samedi après-midi, il fait sombre et froid.

Une porte s'ouvre. L'huissier m'annonce que le Président va me recevoir. Il m'introduit alors dans la belle chambre aux boiseries claires, aux proportions harmonieuses. Il y a dans cette pièce quelque chose de chaleureux et de calme, qui contraste agréablement avec l'antichambre. Le Président est couché dans son grand lit. L'aura de dignité qui flotte d'ordinaire autour de lui semble l'avoir suivi jusqu'en ce lieu intime. Je sais qu'elle n'est pas liée seulement à sa fonction, mais à sa personne. Il y a chez cet homme couché à la fois un air qui convoque le respect et quelque chose de très humain qui invite à se sentir proche. Ses traits sont tirés, mais il paraît très calme. Je m'approche et je m'assois sur le bord du lit, comme je le fais si souvent à l'hôpital. J'ai toujours eu des rapports simples et spontanés avec cet homme, qui me reçoit comme une amie, et me parle maintenant sans détour de ce qui lui arrive.

« Le processus est enclenché... c'est une maladie dont on meurt, je le sais... » La voix est calme, le regard clair, droit dans le mien. « Je n'ai pas peur de la mort, mais j'aime vivre... cela vient toujours trop tôt. » Nous parlons alors du temps, du temps qui reste à vivre. Personne ne peut lui donner un pronostic dans ce domaine. Le désir de vivre l'emporte bien souvent sur les prévisions médicales. J'en ai eu bien des preuves.

« Il ne faut pas mourir avant de mourir », lui dis-je. Il sait comme moi qu'on peut être lucide devant la mort et cependant continuer à nourrir des projets de vie. Il s'agit tout simplement de rester vivant jusqu'au bout.

Le Président se demande maintenant si les croyants arrivent plus sereins face à la mort. Y a-t-il un lien entre la foi et la sérénité ? Nos conversations autour de la mort ont souvent pris un tour mystique. D'ailleurs peut-il en être autrement ? Peut-on parler de la mort, qui reste un immense mystère, sans évoquer notre lien avec l'invisible ? Avec tout ce que nous ne savons pas expliquer, mais seulement saisir avec nos sens ? Le Président, qui se dit agnostique, précise par ailleurs que cela ne l'empêche pas d'avoir un sentiment religieux, le sentiment d'être relié à une dimension qui le dépasse. Expérience quasi sensorielle et intime, dont il dit qu'elle plaide davantage à ses yeux pour l'existence de Dieu que n'importe quel discours religieux.

« On peut ne pas être croyant et être serein devant la mort, se préparer à la mort, comme à un voyage vers l'inconnu. Après tout, l'inconnu n'est-il pas aussi un au-delà ? » demande-t-il.

Je lui raconte alors qu'il n'y a pas si longtemps une femme tout à fait sereine, et qui l'est restée jusqu'au bout, m'a dit : « Je ne suis pas croyante, mais je suis curieuse de la suite. » N'est-ce pas une forme de foi ? Cette confiance dans le déroulement des choses. La croyance en un au-delà de la mort n'est pas d'un grand secours, quand elle ne s'enracine pas dans une expérience vécue, intime et profonde de la confiance. J'ai rencontré deux prêtres sur leur lit de mort, l'un et l'autre profondément angoissés et tourmentés, incapables de prier et de s'abandonner.

« Ce n'est pas la foi, mais l'épaisseur de vie que l'on a derrière soi qui permet de s'abandonner dans les bras de la mort », dis-je alors.

Nous parlons tranquillement des choses de la mort, et je sens un élan de gratitude me traverser pour ce moment d'intimité partagée avec un homme qui en a si peu. Si peu de temps pour lui, si peu d'intimité, même si je sais qu'il a toujours su la préserver.

Le Président évoque maintenant sa visite dans l'unité de soins palliatifs : « C'était un moment formidable ! » Le calme des malades qu'il a rencontrés reste très présent à son souvenir. Il me dit espérer de toute son âme pouvoir garder, le jour venu, cette maîtrise jusqu'au bout. « J'aurai sans doute besoin de vous. On sent bien que ce n'est pas par des discours que vous aidez les malades à trouver la paix, mais par votre présence. Avec vous, au moins, on peut s'abandonner. »

Je suis profondément touchée de la confiance qu'il me fait. Bien sûr, j'aimerais avoir le privilège de l'accompagner, le moment venu, dans ses derniers instants. Il le sait.

Je ne sais comment nous en venons à parler de cette force intérieure qui nous accompagne dans les pires moments. Peut-on compter seulement sur soi ? Je lui ai souvent parlé de la méditation et de la prière. Ramener son esprit agité dans la crypte intérieure, faire silence et écouter le souffle de la vie nous traverser. Non, la prière n'est pas rabâcher des mots, ni demander l'impossible ! Elle est, selon l'expression du moine Seraphim de Sarov, « participation à une Présence qui enveloppe l'âme et le corps », ou encore contact avec la communauté des priants.

« Lorsque vous priez, vous vous élevez pour rencontrer dans l'air ceux qui prient à cette même heure, et que, sauf en prière, vous ne pourriez rencontrer. » Je cite de mémoire Khalil Gibran [1].

« Ainsi vous croyez à la communion des saints ? » Le Président se dit sensible à cette idée qu'on ne peut pas compter seulement sur ses propres forces et qu'on a besoin de prières, de cette communion invisible avec ceux qui élèvent leurs pensées vers quelque chose de plus haut. Je lui ai souvent parlé de ce groupe de prière que nous avons constitué entre amis pour donner un peu de notre temps, de notre pensée à cette communion invisible, qui est aussi une forme de solidarité. Se dire qu'à tout moment sur terre des milliers de gens prient, se relier à cette pensée, et souhaiter de toute son âme que cette solidarité-là puisse aider quelqu'un qui traverse un moment de solitude ou de souffrance, n'est-ce pas une belle idée ?

Soudainement, l'état de Danièle s'est détérioré. Elle montre des difficultés respiratoires. Ses « progrès » musculaires sont arrêtés. Il lui reste l'amour

1. *Le Prophète,* Casterman, 1995.

qu'elle éprouve pour son jeune garde-malade, un amour qui éclaire chaque minute de sa vie.

Ce matin, elle est si fatiguée qu'elle se contente d'écrire une phrase : « Le bonheur, ça vient sans crier gare, jusques et y compris là où sévit la maladie. »

Et puis elle s'est assoupie. Veut-elle me dire que ce bonheur lui suffit ? Que tout est bien comme cela ? Je la sens lasse, mais sereine.

Hier, on a fêté son anniversaire. Christiane et Jean-Marie, ses amis les plus proches, étaient là. Entre eux aussi se noue une histoire d'amour, au chevet de Danièle qui en est tout attendrie. De mon côté, je pense que la vie est décidément bien surprenante. Elle vient offrir à cette jeune femme si démunie, au seuil de sa mort, la possibilité de vivre un amour, de se sentir amoureuse !

Après la fête, elle a seulement écrit ceci : « Je suis de ces invités qui ne savent pas partir. »

Danièle est morte, ce matin. Elle s'est simplement arrêtée de respirer, alors qu'on la tournait sur le côté. Chantal, l'infirmière, en était toute remuée.

Maintenant, elle repose sur son lit, habillée d'un pyjama en soie rouge brodé, sa tête est couronnée de fleurs. Les soignants l'ont voulue ainsi. Sans doute pour dire leur estime et leur gratitude, car elle nous a beaucoup appris, tous ces derniers mois. C'était une initiatrice.

Le Centre de danse du Marais est un des endroits les plus vivants que je connaisse. En cette fin de matinée d'un samedi de septembre, la cour de ce vieil hôtel particulier du XVIIIe baigne dans le soleil. Par les fenêtres grandes ouvertes parviennent toutes sortes de musiques, quelques mesures de jazz, puis le rythme vigoureux d'un flamenco. Un peu plus loin, ce sont les crépitements joyeux des claquettes. Les clients du Studio, le restaurant mexicain qui dresse ses tables dans la cour, sont pour la plupart des habitués de ce Centre de danse. Ils viennent toutes les semaines évacuer leurs tensions, alléger leurs corps endoloris, donner une chance à leur âme de s'exprimer à travers le mouvement. Ils viennent danser la vie.

Lila a décidé, il y a quelques mois, de reprendre des cours de danse-jazz. Quant à moi, je viens y apprendre le tango argentin. Nous aimons toutes les deux danser, oublier dans cette alliance du corps et de la musique, oublier un moment les chagrins de la vie.

Nous nous sommes donné rendez-vous après son cours, pour déjeuner. Pour parler de Louis.

On pourrait s'étonner que Lila choisisse un lieu public, en l'occurrence un restaurant, pour parler de ce qui l'ébranle si profondément. C'est un des paradoxes des lieux de passage : ils offrent souvent une plus grande liberté dans l'expression des émotions. Je l'ai souvent remarqué à l'hôpital, les familles préfèrent me parler au fond du couloir, comme si le passage des uns et des autres, le bruit, la vie tout autour offraient une sorte de peau protectrice, un climat d'effervescence et de diversion qui donne l'impression d'être à l'abri et permet d'ouvrir sans trop de risques la porte de son intimité.

« Je craque toujours dans les bistros, en ce moment », dit-elle. Comment en serait-il autrement ? Je regarde avec une infinie tendresse cette jeune femme si belle, si pleine de vie, si authentique. Elle aime la vie, oui, elle aime danser, et pourtant son jeune mari est en train de mourir. Alors qu'elle n'a que trente-cinq ans, il lui faut se préparer à vivre un deuil. « Il faut que je me prépare à la mort de Louis, je ne sais pas comment je vais pouvoir vivre sans lui. » De grosses larmes silencieuses coulent sur ses joues encore roses d'avoir dansé.

« Je ne sais pas comment me préparer, j'ai besoin qu'on m'aide. »

« Où sens-tu ta difficulté ? Est-ce avec Louis ou avec ton entourage ? »

Lila a fait ces derniers temps un immense chemin. Elle sait que Louis va mourir, elle sait qu'il veut mourir chez lui et qu'il ne veut pas d'acharnement thérapeutique. Ils sont tous les deux sur la même longueur d'onde. N'ont-ils pas lutté côte à côte depuis sept ans contre la maladie ? Cette lutte au quotidien a creusé profondément leur lien, un lien profond, un lien de qualité dont elle parle avec une certaine fierté. Quand elle évoque leur amour, sa voix se remplit de larmes ; on sent une indicible douleur à envisager son absence. Puis, comme un plongeur qui remonte à la surface de la mer, Lila secoue ses cheveux et retrouve son entrain. Je m'incline intérieurement devant la force de vie qui l'habite et la porte dans un moment si difficile. Car elle regarde les choses en face, avec sa douleur, avec sa joie de vivre.

L'évolution vers la fin est irréversible, elle l'a compris. Ce qui compte, c'est d'accompagner cet homme qu'elle aime, en cherchant à le rejoindre là où il se trouve maintenant.

« Ce matin, me dit-elle, j'ai partagé avec lui un moment très doux. Je lui ai chanté un alléluia du répertoire de Iégor, tout en lui caressant doucement le visage. »

Il y a quelques mois, nous avions participé avec quelques amis à un week-end animé par Iégor Reznikoff, cet exceptionnel spécialiste du chant contemplatif antique. Louis et Lila étaient des nôtres. Pendant trois jours, nous nous sommes plongés dans un bain sonore, un bain d'harmoniques, éprouvant le bienfait profond du son, offert dans sa simplicité et sa nudité. Reznikoff, le cheveu en bataille, vêtu d'une éternelle chemise blanche et d'un pantalon noir, installé sur une petite chaise en face d'une trentaine d'élèves eux-mêmes assis par terre, avait accompli un miracle : il avait réussi à faire sortir de cette trentaine de voix plus ou moins rouillées un son unique d'une pureté et d'une beauté incroyables. Nous étions tous devenus conscients de cette dimension sonore qui fait de chaque corps une crypte, un lieu de louange, un lieu sacré. Louis avait aimé ce moment de chants partagé avec des amis. Il a d'ailleurs une passion pour le grégorien.

Ainsi donc Lila accompagne-t-elle Louis avec sa voix, avec ses mains, créant entre eux un espace sacré où ils continuent à communiquer malgré les ravages de la maladie.

« Ce qui est le plus dur pour moi, c'est de devoir dire à ma mère, à mes sœurs, que Louis va mourir. Elles m'ont tellement soutenue dans l'espoir qu'il survivrait à sa maladie ! J'ai un sentiment d'échec, de honte ! »

Lila exprime ainsi l'immense solitude dans laquelle elle se trouve. Son entourage semble être encore dans l'espoir d'une amélioration. Leurs questions au téléphone, leurs encouragements, leurs façons de la rassurer sonnent tellement faux, maintenant.

« Je n'arrive pas à leur dire : non ! Louis ne va pas remonter la pente, Louis vit ses dernières semaines.

Je voudrais leur dire de regarder la réalité en face, de cesser de faire l'autruche », continue-t-elle avec un brin de colère dans la voix.

« Oui, Lila, tu as besoin qu'on soit sur la même longueur d'onde que toi, qu'on t'aide à voir les choses comme elles sont, comme elles viennent. Pourquoi ne pas leur parler, les aider à t'aider, leur dire ce dont tu as besoin ? »

Lila a une immense qualité : dès qu'elle a cerné le problème, elle s'attelle à le résoudre. Elle sentait que quelque chose n'allait pas autour de Louis, elle voulait m'en parler. Maintenant, elle y voit plus clair. Il lui faut franchir un pas qu'elle n'osait pas faire jusque-là : amener sa famille, celle de Louis, à voir la réalité en face et à l'accompagner tous ensemble dans un climat de vérité. Elle sait ce qu'il lui reste à faire.

Après cette conversation avec Lila, il me vient à l'esprit que la confusion de Louis n'est peut-être qu'une réponse au manque de clarté ambiant, aux messages ambigus qui lui sont envoyés. Je repense à Marcelle sortie de sa confusion dès qu'elle a pu dire qu'elle allait mourir et être entendue. Je repense à d'autres situations où les entretiens que j'ai eus avec les familles, toujours pour clarifier la situation et permettre à ceux qui restent dans le déni de franchir un pas et de voir les choses comme elles sont. Ces entretiens ont eu des effets quasi miraculeux sur le mourant.

Ainsi, il y a quelques mois, j'ai reçu dans mon bureau, à l'hôpital, une collègue psychanalyste. Une femme de mon âge, dont la fille est en train de mourir du sida, dans notre service. Valérie a vingt-trois ans. Contaminée plusieurs années auparavant par un jeune homme toxicomane qu'elle avait cherché à sauver, par amour, elle est arrivée chez nous dans le coma, après huit mois d'agonie. Ses parents et ses frères et sœurs, ses amis l'ont ainsi accompagnée pendant ces long mois, et, au dire de sa mère, cette expérience les a tous profondément bouleversés et changés. Habituée qu'elle est, par son métier, à accompagner les crises existentielles de ses analysants, elle avoue être profondément marquée par l'ampleur de la mutation qui s'est produite chez tous ceux qui ont approché Valérie pendant cette période. « Elle nous a tous emmenés très loin, sur notre propre chemin, elle nous a fait évoluer en très peu de temps, c'est une initiatrice sans le savoir », dit-elle.

Si cette femme vient me voir, c'est qu'elle ne comprend pas que sa fille n'arrive pas à mourir. Que se passe-t-il ? Qu'attend-elle ? Je fais alors part à cette collègue de ma propre expérience ici, auprès de ceux qui meurent. Le coma est un état étrange.

Nous en savons peu de chose, mais les personnes qui sont sorties de cet état disent qu'on entend ce qui est dit autour de soi et que l'on sent la qualité affective des paroles et des gestes. Il semble aussi qu'un travail intérieur se poursuive dans les souterrains de l'être. C'est un état mystérieux que l'on a envie de respecter car il s'y passe peut-être des choses importantes, et il faut être assez humble pour accepter de respecter ce que l'on ne comprend pas.

J'ai pour ma part quelques hypothèses. Je pense notamment que le coma est une sorte de refuge quand les choses deviennent trop lourdes à porter, mais qu'il est encore trop tôt pour mourir, parce que tout n'est pas réglé. J'ai souvent eu l'impression que les personnes dans le coma donnaient ainsi le temps à leur entourage de se préparer à la séparation ultime. Certains attendent aussi la visite de quelqu'un, ou bien une réconciliation qui ne s'est pas encore faite. Je raconte à cette femme en face de moi comment un homme a attendu ainsi trois mois, dans un coma profond, la visite de sa fille de quatorze ans, dont la famille empêchait la venue, craignant qu'elle ne soit trop impressionnée par le changement physique de son père. Cet homme a pu mourir le lendemain du jour où sa fille est venue lui dire adieu. Comment ne pas interpréter ce coma comme une longue attente ? D'autres attendent tout simplement qu'un être cher, qui leur est douloureusement attaché et les raccroche à la vie, leur donne la permission de mourir.

Je fais donc part de mes observations à la mère de Valérie, qui se demande en effet pourquoi sa fille, qui exprimait il y a trois semaines son désir de mourir, juste avant de tomber dans le coma, est toujours en vie.

« Y a-t-il quelqu'un dans votre entourage qui ne soit pas prêt à la mort de Valérie ? »

La femme semble chercher, mais ne trouve pas. Il lui semble que tout le monde s'est préparé depuis longtemps, tout au long de ces huit mois, si intenses, si pénibles par moments. Je lui dis simplement qu'on pense parfois être prêt, mais quelque chose en nous retient celui qu'on aime. N'est-ce pas terrible pour une mère de voir mourir sa jeune fille ? On a beau s'y préparer, une part de soi refuse et se cabre. Mon interlocutrice le sait bien, elle qui a appris, comme moi, à écouter l'inconscient.

Le lendemain de cette conversation, Valérie est toujours là dans son sommeil. Elle ne réagit plus depuis longtemps, ni quand on l'appelle par son prénom ni quand on la touche. Elle semble être vraiment dans un coma profond. À midi, son père et sa mère arrivent, accompagnés d'un bénévole qui s'était beaucoup attaché à elle ces derniers temps. Ensemble, autour du lit, ils entourent Valérie. Sa mère prend alors la parole et s'adresse à sa fille, avec chaleur, avec émotion :

« Ma chérie, nous sommes là autour de toi, nous t'aimons. Tu nous as apporté à travers ta vie, et surtout les derniers temps de ta maladie, tant de choses que nous ne pourrons jamais assez te remercier. Sois bénie et va ton chemin. Nous restons avec tout ce que tu nous as laissé de si précieux et qui nous aidera à continuer notre chemin sans toi, va, va maintenant. »

À cet instant précis, Valérie est sortie de son profond coma. Elle a ouvert les yeux, a regardé ses parents. Puis elle leur a fait un petit signe de la main, en disant « ciao », d'une manière un peu désinvolte, comme elle le faisait toujours, et son souffle s'est suspendu sur ce dernier au revoir. C'était fini.

Je m'y attendais. Louis est sorti de cet état confusionnel si pénible. Il a retrouvé ses esprits.

Lila a pris les devants avec sa famille. Elle a pu dire qu'on allait maintenant vers la fin de Louis. C'était bon pour elle de pouvoir enfin le dire et pleurer tout son saoul. Dans les bras de l'une, dans les bras de l'autre. Déposer ce poids si lourd, là, serrée contre d'autres poitrines en sanglots. Sentir le chagrin se répandre et circuler et finalement devenir un peu plus léger. Se sent-elle un peu moins seule ?

Louis fait ses adieux. Aux uns, aux autres, une parole, une bénédiction. Il a retrouvé les mots et sa pensée intacte. Quarante-huit heures de grande paix. Chacun près de lui se sent devenir meilleur, plus transparent, plus authentique.

« Est-ce qu'ils tiendront ? » me demande-t-il.

Son ultime préoccupation concerne ceux qu'il laisse derrière lui. Il m'avait exprimé, il y a plusieurs mois, sa détresse d'avoir à infliger une si grande peine à ceux qu'il aime. Il priait, disait-il, pour qu'ils trouvent la force de porter son deuil. Aujourd'hui, cette souffrance est toujours là. Se rend-il compte de tout ce qu'il donne, autour de lui, par son rayonnement, sa manière de mourir ? De tout ce qu'il fait changer dans le secret des cœurs ? Nous nous transformons tous à son contact. S'en rend-il compte ?

« Cher Louis, les mots me manquent pour te dire combien tu m'aides à revenir à l'essentiel. Quelqu'un disait l'autre jour que tu remets toutes les pendules à l'heure ! Tu donnes à chacun, sans t'en apercevoir, une force sur laquelle on s'appuiera, quand tu nous auras quittés. »

Louis me remercie d'un large sourire. Peut-être lui fallait-il simplement cette confirmation. M'ayant pris la main, il la porte à ses lèvres et l'embrasse :

« Je vous souhaite beaucoup, beaucoup de bien à tous deux. » Cet au revoir s'adresse aussi à celui qui partage ma vie, mon mari.

Je suis venue ce matin, comme je l'avais promis à Louis. En poussant la porte de l'appartement, j'ai su qu'il était mort. Sa sœur est venue à ma rencontre. On ne sait jamais exactement pourquoi on sait les choses, à quel signe imperceptible on est sensible. Il y avait peut-être un silence particulier. Sa sœur est donc venue vers moi et m'a dit ce que je savais déjà : « Il est mort, il y a une demi-heure, pendant que les infirmières faisaient sa toilette. Lila n'est pas là, elle va rentrer d'un moment à l'autre. Elle ne sait pas encore. »

Je suis entrée dans la chambre. Louis avait les yeux et la bouche ouverts, avec une sorte d'étonnement sur le visage. Sa sœur s'est inquiétée que les infirmières n'aient pas pu lui fermer les yeux ni la bouche. Elle craint que Lila ne supporte pas cette vision. Peut-être parce que je l'ai vu faire si souvent à l'hôpital ai-je le courage de faire ce geste intime entre tous qui consiste à fermer pour toujours les yeux d'un être humain. C'est un geste difficile. J'ai regardé une dernière fois cette immobilité du regard qui d'une certaine façon n'est déjà plus lui. Car il avait les yeux vifs et un regard profond qui vous venait droit dans le cœur. Ses paupières sont encore tièdes, et je pleure en les tirant doucement vers le bas, doucement comme si je pouvais lui faire mal. Il me faut recommencer plusieurs fois, et je comprends que les infirmières aient renoncé. Je demande alors à sa sœur qu'elle m'apporte du coton mouillé. Nous posons une compresse mouillée sur chaque œil, et nous restons là, elle et moi, appuyant maintenant sur les yeux de Louis pour qu'ils demeurent enfin fermés. Nous avons roulé aussi une serviette sous son menton. Pour remonter la mâchoire inférieure et fermer un peu la bouche. Nous venons sans doute de faire avec ces gestes simples ce que des milliers de femmes avant nous ont dû accomplir simplement, chaque fois que quelqu'un meurt dans une famille.

Lila est arrivée. Je l'entends sangloter dans l'entrée.

Ils sont une vingtaine. Hommes et femmes, tous solidaires dans la lutte contre le sida, tous volontaires de l'aide aux malades. Ils ont obtenu de la direction d'AIDES-Provence la formation aux soins palliatifs qu'ils réclamaient depuis deux ans, parce qu'ils sont démunis devant la mort de ceux qu'ils accompagnent des mois et des années durant, au fil de cette maladie désespérante. Certains ont perdu ainsi jusqu'à dix ou douze amis – car comment ne pas se lier profondément avec ceux qui vous font témoin de leurs souffrances intimes ? Quelques-uns sont eux-mêmes séropositifs. Ils ne cachent pas le fait que l'aide aux malades donne un sens à leur vie et que l'accompagnement de ceux qui les devancent vers la mort est une forme d'initiation. Il n'en demeure pas moins que cela reste particulièrement éprouvant.

Nous sommes à l'aube de la dernière journée de formation consacrée au deuil. Les deuils se vivent différemment dans le contexte de l'épidémie du sida. Ils ne répondent pas aux critères du deuil normal. Comme en temps de guerre, il y a une urgence de l'action. Pas de temps à perdre pour pleurer et se replier sur soi. Il faut être présent pour les autres, ceux qui sont encore vivants et se battent. Mais le chagrin n'est pas refoulé pour autant. Le souvenir douloureux serait plutôt maintenu, avivé par l'action auprès des autres.

Il y a en effet beaucoup de douleur dans ce groupe de volontaires. Beaucoup de colère aussi. Il est question de rites funéraires, si pauvres, quand on refuse la cérémonie religieuse. L'attente interminable dans le crématorium, avec le bruit des turbines et le silence affreux des cœurs. Pas une parole sur celui que l'on a accompagné, pas un geste qui donne un sens à ce moment. D'autres évoquent avec colère certaines cérémonies religieuses qui annulent complètement ce qui a été vécu par la personne et autour d'elle. Pas un mot du sida, pas un mot du combat contre la maladie. Aucun témoignage sur ce que la personne a pu apporter à ceux qui l'ont accompagnée avec amour.

Pourquoi n'inventerions-nous pas un rituel de deuil ? Ce matin, avant de venir, je suis passée dans une église acheter une vingtaine de petites bougies, ces petites veilleuses rouges qui brûlent devant les statues. Nous sommes assis par terre, en cercle, bien serrés les uns contre les autres, car il importe de sentir la chaleur des autres. On se croirait revenus à l'origine du monde, quand les hommes se tenaient autour du seul feu et se racontaient des histoires. Ce quelque chose de primitif nous fait du bien. Un silence s'installe. Un silence plein d'écoute, plein de pudeur. Une femme allume la première bougie, elle l'allume pour Jean-Marc, dit-elle. Elle se souvient de son courage et de sa solitude qu'elle a essayé d'apaiser comme elle a pu. Elle aurait voulu le remercier avant qu'il ne meure mais n'a pas osé le faire. C'est devant le groupe, maintenant, qu'elle tient à lui parler, et ses larmes coulent doucement. L'un après l'autre, chacun allume une bougie, et les noms s'égrènent. On sent le besoin de parler de ceux qui sont partis sans qu'on les honore. Paroles de gratitude, de pardon parfois, de regret aussi. Les émotions sortent doucement, pudiquement, mais elles sortent. Parfois, l'un éclate en sanglots. Le groupe reste calme. Cela donne un sentiment de sécurité. On peut exprimer son chagrin, il sera contenu par la présence du groupe.

Toutes les bougies sont allumées. De nouveau le silence. Un silence comme une méditation ou une prière, car c'est un silence plein de pensées qui honorent la mémoire et la vie de ces jeunes malades, morts maintenant. Quelqu'un chante, spontanément, un autre dit un poème, un autre encore une prière. Le rituel est terminé. Il faut maintenant encore une fois se séparer de ceux dont on a évoqué le souvenir. Le groupe choisit de souffler, tous ensemble, les bougies. Et comme pour se consoler un peu de ce geste difficile et signifier que ce qui s'éteint là reste allumé dans le cœur, voilà que les uns et les autres s'étreignent, sans retenue, tant il est bon, dans ce corps à corps, de se sentir vivant.

« Meurt-on comme on a vécu ? » me demande un vieil ami avec lequel je déjeune souvent à La Coupole. Nous parlons alors de notre passion commune pour la psychologie des profondeurs et de notre curiosité jamais satisfaite des choses spirituelles. J'aime beaucoup la façon dont nous échangeons nos expériences, nos façons de voir. La sienne est originale, libre de toute pensée dogmatique. Sa hauteur de vues sur les choses me fait du bien. Après une conversation avec lui, je me sens souvent plus sage, plus vaste aussi.

Meurt-on comme on a vécu ? Mon ami veut savoir ce que j'en pense. Je n'ai pas de réponse. J'ai vu des personnes qui se disaient croyantes perdre la foi au seuil de la mort, et d'autres qui ne l'avaient pas la trouver.

Nul n'est à l'abri des moments de doute ou de révolte, même quand on a tenté toute sa vie d'apprivoiser la mort. À l'inverse, certains qui ont traversé leur existence comme un enfer connaissent une mort lumineuse. La grâce n'a rien à voir avec le mérite.

Un des mourants de Mère Térésa ne lui a-t-il pas dit : « J'ai vécu comme une bête et je meurs comme un ange » ? Pour ma part, la plus belle mort dont j'ai été témoin est celle d'une jeune fille toxicomane de vingt-cinq ans, atteinte d'un cancer du sein généralisé, qui avait vécu, selon ses propres mots, une vie de galère. Son crâne chauve ne portait-il pas tatouée cette inscription : « Marche ou crève » ? Une enfance sans amour, une vie dure, absurde. Abandonnée dès sa naissance par sa mère prostituée, recueillie par sa grand-mère, elle avait grandi comme une fleur sauvage, assoiffée d'amour et d'absolu, trouvant ce qu'elle pouvait pour étancher cette soif. Elle avait, selon ses dires, traîné partout. Elle était sans illusion. Son cancer d'une certaine façon était venu comme un espoir : un espoir qu'enfin cette vie de chien allait s'arrêter. La drogue n'avait pas eu encore le temps de la détruire.

Si la mort devait être à l'image de la vie, on aurait pu craindre une mort difficile et tourmentée pour cette jeune fille, une mort dans la révolte peut-être, ou tout au moins dans l'angoisse. Or les choses se sont passées bien autrement.

Je raconte à mon vieil ami comment je me suis retrouvée un matin au chevet de cette jeune fille, qui disait qu'elle allait mourir. La veille, elle avait demandé à sa mère d'apporter une bouteille de champagne, elles l'avaient bue toutes les deux, en se rappelant les bons moments qu'elles avaient passés ensemble, malgré tout. Cela avait été sa manière de dire adieu à cette femme qui l'avait abandonnée, mais qui restait sa mère.

Ce matin-là, elle avait donc annoncé qu'elle allait mourir. Le Dr Clément m'avait demandé d'aller la voir. La jeune fille était allongée sur le dos, la tête un peu soulevée par l'oreiller. Elle avait des tuyaux d'oxygène dans les narines, car de toute évidence ses poumons fonctionnaient mal. Son souffle était pénible et bruyant. Sur son front dénudé, un gant de toilette mouillé avait été posé, sans doute pour apaiser la fièvre. En effet, elle était brûlante. Je m'en aperçus en lui prenant la main.

Elle voulut me parler. Mais sa voix était faible. Je m'assis sur un tabouret bas, à la hauteur de son visage, et penchai l'oreille vers ses lèvres. Je perçus distinctement qu'elle me disait : « Je vais mourir. » D'un geste décidé, elle arracha les sondes en plastique qui lui apportaient de l'oxygène et jeta au loin le gant de toilette qui séchait sur son front. Puis, sous mon regard médusé, elle se mit dans la position que prennent les femmes pour accoucher, jambes écartées. Son souffle était court et devenait de plus en plus bruyant. Mais elle me paraissait calme et ne semblait pas souffrir.

L'espace de quelques minutes, je me demandai si je devais lui remettre l'oxygène, mais son geste avait été si ferme, et elle me semblait si calme, que je décidai de ne rien faire, de rester là près d'elle, pour qu'elle ne soit pas seule. Elle répéta : « Je vais mourir. » Je me mis alors à lui caresser le front, tandis qu'elle haletait. On eût dit qu'elle poussait sur ses jambes, comme pour accoucher.

Je pensais à cette phrase de Michel de M'uzan, à propos du travail intérieur qu'accomplit celui qui va mourir : « Une tentative de se mettre complètement au monde avant de disparaître. » Voilà que pour la première fois cette phrase prenait un sens concret. Cette jeune femme, qui avait eu tant de mal à vivre, n'était-elle pas en train de se mettre au monde, de naître ailleurs ? Je sentis monter en moi une indicible émotion, faite de tendresse et d'émerveillement.

Sa tête glissa un peu vers moi. Je la soulevai légèrement et la tins contre moi. C'est alors qu'elle eut une pause respiratoire. Encore une fois, je me surpris à vouloir faire quelque chose, remettre les tuyaux d'oxygène. Puis je me ravisai. Elle était en train de mourir, elle me l'avait annoncé. Pourquoi irais-je perturber ce moment, si simple, si intime. Elle aspira une bouffée d'air puis de nouveau s'arrêta de respirer pendant quelques minutes. Je lui murmurai des mots tendres qui montaient tout seuls, je ne sais d'où. Elle aurait pu être ma fille, et c'étaient des mots de mère, qui appartenaient sans doute à l'âme de toutes les mères, des mots venus de l'éternité. Une deuxième fois, elle reprit son souffle. L'image d'un pauvre poisson échoué sur le sable me traversa. J'aurais voulu le remettre à l'eau. J'aurais voulu lui donner la vie. Des larmes me montaient aux yeux. Je n'avais jamais vécu un moment aussi intense. Elle s'arrêta une troisième fois de respirer, et la tension dans son corps se relâcha tout d'un coup. Je compris qu'elle venait de mourir.

Mon vieil ami, à qui je raconte cette mort que j'ai trouvée si belle, a les yeux pleins de larmes. Nous savons, l'un et l'autre, que nous aimerions mourir avec une telle conscience, une telle dignité.

Bien qu'ayant fréquenté la mort quotidiennement, depuis des années, je refuse de la banaliser. J'ai vécu à son contact les moments les plus forts de ma vie. J'ai connu la douleur de me séparer de ceux que j'aimais, l'impuissance devant les progrès de la maladie, des moments de révolte devant la lente dégradation physique de ceux que j'accompagnais, des moments d'épuisement, avec la tentation de tout arrêter : je ne peux nier la souffrance et parfois l'horreur qui entourent la mort. J'ai été témoin d'immenses solitudes, j'ai senti la douleur de ne pouvoir partager certaines détresses, parce qu'il y a des niveaux de désespoir si profonds qu'ils ne peuvent être partagés.

Conjointement à cette souffrance, j'ai pourtant le sentiment de m'être enrichie. D'avoir connu des moments d'une densité humaine incomparable, d'une profondeur que je n'échangerais pour rien au monde, des moments de joie et de douceur, aussi incroyable que cela puisse paraître. Je sais que je ne suis pas seule à avoir vécu cela.

Il y a quelques années, j'ai fait le rêve suivant : je me trouvais dans la cuisine d'une maison ancienne, en présence d'un homme, qui était sans doute l'hôte de ce lieu. L'homme attirait mon attention sur le mur, au-dessus de la cheminée. Il y avait là un trou. Comme il semblait insister pour que j'aille voir de plus près, je pris une chaise, montai dessus et regardai à l'intérieur du conduit de la cheminée. Quelle ne fut pas ma surprise de découvrir que le long des parois enduites d'une suie noire et épaisse coulait quelque chose qui ressemblait à du miel. Intriguée, je tendis la main pour vérifier : c'était bien du miel !

Je me souviens que, dans le rêve, j'étais profondément bouleversée par cette découverte et j'avais le sentiment qu'il me fallait absolument prévenir les autres. Comme si je détenais un secret qu'il était urgent de partager. Je savais qu'on aurait du mal à me croire et que cela prendrait du temps.

On trouvera à ce rêve bien d'autres interprétations évidentes, j'en suis consciente, mais, au moment où je l'ai fait, je l'ai relié expressément à ce que je découvrais de jour en jour, dans cette proximité avec la souffrance et la mort ! Il y avait de la douleur, certes, mais il y avait aussi de la douceur, souvent une infinie tendresse. Je découvrais que l'espace-temps de la mort est, pour ceux qui veulent bien entrer dedans et voir au-delà de l'horreur, une occasion inoubliable d'intimité.

Écrire ce livre a été ma façon de partager cette découverte.

Annexes

I

ASSOCIATIONS POUR L'ACCOMPAGNEMENT DES PERSONNES EN FIN DE VIE

SFAP (Société française d'accompagnement et de soins palliatifs)
110, avenue Émile-Zola, 75015 Paris. 01-45-75-43-86.

ASP (Association pour le développement des soins palliatifs)
44, rue Blanche, 75009 Paris. 01-45-26-58-58.

JALMAV (Jusqu'à la mort accompagner la vie)
132, rue du Faubourg-Saint-Denis, 75010 Paris. 01-44-72-95-18.

Petits Frères des Pauvres
64, avenue Parmentier, 75011 Paris. 01-43-55-17-64.

Accompagner
146, avenue de Strasbourg, 54015 Nancy. 03-83-35-45-05.

Albatros
33, rue Pasteur, 69007 Lyon. 04-78-58-94-35.

Alliance
1, rue Jacques-Lafitte, 64100 Bayonne. 05-59-46-15-15.

Associations pour l'accueil et le soutien des personnes touchées par le VIH

AIDES

119, rue des Pyrénées, 75020 Paris. 01-53-27-63-00.

Association Bernard Dutant - Sida et Ressourcement

26, rue du Bouloi, 75001 Paris. 01-42-36-20-78.

SOLENSI (Solidarité enfant sida)

72, rue Orfila, 75020 Paris. 01-43-49-63-63.

Diagonale 91

21, rue Hoche, 91260 Juvisy-sur-Orge. 01-69-24-85-60.

Act up

45, rue Sedaine, 75011 Paris. 01-48-06-13-89.

Dessine-moi un mouton (enfants et famille)

99, rue du Bac, 75007 Paris. 01-42-22-32-58.

Association Didier Seux - Santé mentale et Sida

6, rue de l'Abbé-Grégoire, 75006 Paris. 01-45-49-26-78.

Adresses des hôpitaux cités dans ce livre

Institut mutualiste Montsouris
Unité de soins palliatifs

42, Bd Jourdan, 75014 Paris. 01-45-80-60-41.

Hôpital Notre-Dame-du-Bon-Secours
Service St-Édouard

66, rue des Plantes, 75014 Paris. 01-40-52-40-52.

REPRODUIT ET ACHEVÉ D'IMPRIMER SUR ROTO-PAGE
PAR L'IMPRIMERIE FLOCH À MAYENNE
EN AOÛT 2004

N° d'édition : 45338/04. N° d'impression : 60724.
Dépôt légal : mai 2001.
Imprimé en France